Dietmar Grieser
Kein Bett wie jedes andere

Zu diesem Buch

Möbel können Geschichten erzählen, manche haben gar selbst Geschichte gemacht: Die berühmte Couch Sigmunds Freuds, die letzte Staffelei von Egon Schiele und Kaiserin Sisis Milchbar gehören ebenso dazu wie der Diwan, auf dem Franz Ferdinand starb. Dietmar Grieser berichtet mit erzählerischer Lust und Freude an unbekannten Details von Schreibtischen, Bücher- und Grammophonschränken, der ersten gläsernen Badewanne und anderen Möbeln, die bedeutenden Persönlichkeiten aus Kunst, Politik und Wissenschaft gehörten. In fünfzig Miniaturen nimmt er sich historischer Möbelstücke an und erforscht deren kulturgeschichtliche Bedeutung, die oft abenteuerliche Geschichte ihres Überdauerns und die Anekdoten, die sich um die kostbaren Gegenstände ranken. Ein originelles Panorama, das einen neuen Blick auf berühmte Menschen wirft.

Dietmar Grieser, geboren 1934 in Hannover, lebt seit 1957 in Wien. Studium der Publizistik und Sozialwissenschaften. Seit 1973 als Buchautor, Journalist und Kulturkorrespondent erfolgreich. Zahlreiche Auszeichnungen.

Dietmar Grieser
Kein Bett wie jedes andere

Möbel, die Geschichte machten

Mit 70 Abbildungen

Piper München Zürich

Die in diesem Buch versammelten Texte wurden in ihrer ursprünglichen Fassung zuerst in der Wiener Tageszeitung »Die Presse« veröffentlicht.

Durchgesehene Taschenbuchausgabe
Piper Verlag GmbH, München
August 2000
© 1998 Amalthea in der F.A Herbig Verlagsbuchhandlung GmbH,
Wien, München
Umschlag: Büro Hamburg
Stefanie Oberbeck, Katrin Hoffmann
Foto Umschlagvorderseite: Jerome Da Cunha (Archiv für Kunst und Geschichte, Berlin)
Foto Umschlagrückseite: Jürgen F. Wille
Satz: Filmsatz Schröter GmbH, München
Druck und Bindung: Clausen & Bosse, Leck
Printed in Germany   ISBN 3-492-22907-7

Für Gertrude und Bruno

Inhalt

»Wenn er Streit gehabt – mit seinen Gedanken« oder: Sofa, Schreibtisch, Staffelei

I

Herbst 1997, aufgeregte Schlagzeilen in den Feuilletons zwischen Zürich, Hamburg und Wien: Hölderlins Tisch ist aus der Versenkung aufgetaucht! Man denke: Mehr als anderthalb Jahrhunderte nach des Dichters Tod! Die Platte, schon damals ramponiert und ausgebessert, aus grober Eiche, die Zarge nußbaumfurniert, die Beine gedrechselt, die Stege gekreuzt. Kein Prunkstück, ein Gebrauchsgegenstand. Die

Der Tisch, auf den »der Dichter Hölderlin mit der Hand geschlagen, wenn er Streit gehabt mit seinen Gedanken«

Angaben des glücklichen Finders, gestützt durch lückenloses Archivmaterial und Familienpapiere, lassen nicht den geringsten Zweifel zu: Es ist zu hundert Prozent jenes Möbel, das seine Tübinger Wirtsleute dem 1807 Entmündigten und von ihnen »in Kost und Aufsicht« Genommenen in sein Turmstübchen gestellt haben. Als der berühmte Untermieter sechsunddreißig Jahre später stirbt, kommt ein neuer Zimmerherr ins Haus. Er ist Student, führt Tagebuch. Und was trägt er in sein Tagebuch ein? »Um 7 $\frac{1}{4}$ Uhr erzählte mir Jungfer Loddle, daß ich ja den Tisch vor meinem Sofa solle in Ehren halten; da habe der Dichter Hölderlin mit der Hand geschlagen, wenn er Streit gehabt mit seinen Gedanken.« Jungfer Loddle – das ist die Tübinger Handwerkerstochter Lotte Zimmer, die den Tobsüchtigen während seiner letzten fünf Lebensjahre in alleiniger Verantwortung betreut. Sie muß es also wissen. Und gibt ihr Wissen weiter – zusammen mit dem Tisch. Ein Jahrhundertfund, die Wissenschaft rotiert.

II

14. September 1887, Theodor Storms 70. Geburtstag. Sein Husum hat er verlassen, jetzt legt er in seiner »Altersvilla« in Hademarschen letzte Hand an den »Schimmelreiter«. Verehrerinnen wollen ihm einen neuen Schreibtisch schenken. Der Flensburger Kunstschnitzer Heinrich Sauermann gibt sein Bestes: Auf der einen der beiden unteren Türen sind die Lebensstationen des Dichters, auf der anderen die Titel seiner wichtigsten Novellen verewigt. Doch das eigentlich Interessante sind die vier Eulen, die das *Ober*teil des Möbels stützen: *Sie* stammen von des *Lehrlings* Hand. Und dieser Lehrling in Meister Sauermanns Werkstatt heißt – Emil Hansen (und wird sich in späteren Jahren – nach seinem Geburtsort –

Emil Hansen alias Nolde schnitzt für Theodor Storm:
der Schreibtisch mit den vier Eulen

Emil Nolde nennen). Der große deutsche Maler, zu dieser Zeit ein Bursche von knapp zwanzig, hat soeben seine Ausbildung als Holzschnitzer abgeschlossen. Ein *junges* Genie der *bildhauerischen* huldigt einem *greisen* Genie der *schreibenden* Zunft.

III

Möbel erzählen Geschichten, wenn nicht gar Geschichte. Und *machen* selber Geschichte. Berühmtestes Beispiel: die Couch aus der Berggasse 19. Wer an Psychoanalyse denkt, denkt an eine plüschüberzogene Liegestatt in der Ordination des Wiener Seelenforschers Dr. Sigmund Freud. Fragt sich nur: Wo hat er sie her? Fachgeschäfte für medizinisches Instrumentarium führen keine Polstermöbel. Es ist die milde Gabe einer begüterten Patientin, die nicht mit ansehen mag, wie sich der arme Schlucker von Jungarzt nicht einmal ein eigenes Sofa im Wohnzimmer leisten kann.

IV

Auch an Makabrem ist kein Mangel. Wir wechseln in die Chefetage einer großen Wiener Versicherung. Auch dieses Unternehmen wird mit dem »Anschluß« von 1938 »deutsches Eigentum«, bekommt ein neues Management. Der stramme Nazi stellt alles auf den Kopf – bis hin zur Inneneinrichtung der Büroräume. Insbesondere für den Sitzungssaal wünscht sich der Herr Generaldirektor etwas ganz und gar Exklusives – und natürlich im Stil der Zeit. Vor kurzem ist in Berlin die neue Reichskanzlei eingeweiht worden: Albert Speers Apotheose aufs Dritte Reich. Alles an dem Protzbau in der Wil-

helmstraße ist – je nach Perspektive – auf Bombastik oder
Einschüchterung angelegt: 250 Meter hat der Besucher –
durch »Ehrenhof«, Vorhalle, Kuppelraum und Marmorgalerie
– zurückzulegen, bis er endlich vor den initialengeschmück-
ten Mahagonitüren des »Allerheiligsten« steht. »Führers« Arbeitszimmer. Und gar erst dieses selbst! Der monströse Kon-
ferenztisch und die schweren Sessel: geballter Ausdruck von
Macht. Wie wär's, wenn man davon eine Kopie für den Sitzungssaal der »gleichgeschalteten« Wiener Versicherungsge-
sellschaft anfertigen ließe? Der »Herr Chef« ruht also nicht
eher, als bis er einen Möbeltischler ausfindig gemacht hat,
der ihm seinen Wunschtraum in die Tat umsetzt. Wieso er
sich dabei gar so sehr ins Zeug legt? Ganz einfach: weil dieser Josef Mayrhofer mehr ist als bloß ein simpler Parteigenosse. Er ist Adolf Hitlers Milchbruder ...

V

Bleiben wir in Österreich. Und machen uns auf die Suche.
Was, zum Beispiel, ist aus dem Diwan geworden, auf dem am
28. Juni 1914 nach dem Attentat von Sarajewo Thronfolger
Franz Ferdinand verblutet ist? Was aus der Sitzgruppe im Palais Berchtold, wo die Entscheidung zum Ersten Weltkrieg
gefallen ist? Was aus dem Staatsvertragstisch vom 15. Mai
1955? Wie ist Egon Schieles letzte Staffelei ins Hietzinger Bezirksmuseum, wie Emanuel Schikaneders Sänfte ins Lehár-
Schlössl, wie Raoul Aslans Betschemel in den Antiquitätenhandel gelangt? Was hat Helmut Qualtingers »Herr Karl« mit
den beiden schäbigen Stockerln im Kellermagazin eines Delikatessenladens hinter der Wiener Oper zu tun? Wie konnte
Oskar Kokoschka ein Untermietzimmer in Döbling bewoh-
nen, das niemals existiert hat? Wir haben es schon gesagt:

Möbel machen Geschichte. Und Geschichten. Fünfzig von ihnen – und alle fünfzig in und um Wien angesiedelt – wurden für das vorliegende Buch zusammengetragen. Die Geschichten ihrer Herkunft, ihrer spezifischen Aura, ihres kulturhistorischen Gewichts, ihrer Besitzer und Benützer, ihres zum Teil abenteuerlichen Überdauerns, ihres heutigen Verbleibs.

Beethoven im Depot

Beethovens Sterbezimmer gefällig? Nichts leichter als das!
Alles ist da: die Türen, die Fensterrahmen, die Lamperien, die Fußbodenbretter – sogar ein Fetzen Originaltapete, der versierten Restauratoren als Muster dienen könnte. Der kostbare Schatz brauchte nur gehoben zu werden: In einer Depot-Nische des Historischen Museums der Stadt Wien türmen sich die Eichenholzteile – sorgfältig inventarisiert, registriert, numeriert, etikettiert. Und manches, damit es nicht etwa Schaden leide, gar in Packpapier eingewickelt. Es müßte bloß von kundiger Hand wieder zu dem zusammengefügt werden, was es bis zum 19. November 1903 gewesen ist: ein zwar etwas heruntergekommenes, aber ansonsten intaktes Domizil. Nur – ein solches Unternehmen schafft Probleme. Und so sind die Pläne, es in die Tat umzusetzen, bis jetzt Pläne geblieben.

Der Schwarzspanierhof (heutige Adresse: Wien IX., Schwarzspanierstraße 15), ursprünglich ein Benediktinerkonvent, ist im Herbst 1825, als der knapp fünfundfünfzigjährige Ludwig van Beethoven eine der Wohnungen im zweiten Stock bezieht, die er bis zu seinem Tod am 26. März 1827 innehaben wird, ein imposantes Zinshaus: freistehend noch und mit herrlicher Aussicht über das Glacis und die Innere Stadt, ja bis zu den Anhöhen des Wienerwaldes. Der Sohn des Beethoven-Vertrauten Stephan von Breuning wird später eine präzise Beschreibung der Ubikation zu Protokoll geben – er hat sie, damals noch ein Kind, von etlichen Besuchen her klar in Erinnerung:

»Zur Wohnung gelangte man über die schöne Haupttreppe.

Im zweiten Stockwerk links durch eine einfache, etwas niedere Tür eintretend, befand man sich in einem Vorzimmer mit Fenster. Geradeaus kam man in die Küche und in ein Dienstbotenzimmer. Links aber trat man in ein geräumiges Kabinett mit einem Fenster auf die Straße hinaus. Die beiden Gemächer rechts vom Eintrittszimmer waren Beethovens Aufenthalt: das erste sein Schlaf- und Klavierzimmer, das letzte sein Kompositionszimmer. Inmitten des ersten Zimmers standen, Bauch an Bauch gesetzt, zwei Klaviere. Am Pfeiler zwischen den beiden Fenstern stand ein Schubladkasten und auf demselben, die Wand hinan, eine vierfächerige Bücherstellage; vor derselben auf dem Kasten lagen mehrere Hörrohre und zwei Geigen, all dies in Unordnung und arg verstaubt.«

Sechzehn Jahre nach Beethovens Tod geht der Schwarzspanierhof in den Besitz des Stiftes Heiligenkreuz über, und weitere sechs Dezennien später verfügen die neuen Eigentümer Abriß und Neubau. Die Proteste gegen das pietätlos-brutale Ansinnen werden nur von den Diskussionen übertönt, die ein spektakulärer Vorfall rund um den letzten Mieter auslöst. Der Philosoph Otto Weininger, Verfasser des Jahrhundertwerks »Geschlecht und Charakter«, will sein Leben am selben Ort beschließen wie sein Lieblingskomponist: Der Dreiundzwanzigjährige gibt sich in dem für nur wenige Tage gemieteten Beethoven-Sterbezimmer die Kugel.

Sechs Wochen darauf rücken die Handwerker an und erfüllen den Auftrag, das alte Gemäuer niederzureißen. Das einzige, was die Hüter der Städtischen Sammlungen in dieser schmerzlichen Situation unternehmen können, ist die Rettung der Grundausstattung. Sie lassen die Türen und Türstöcke der straßenseitig gelegenen Räume beiseite schaffen, die Fensterrahmen und Fensterverschalungen, die Schlösser und Beschläge, sogar die Parkettbodenbretter und Teile der

Mauerfriese – und das alles in der Hoffnung, Beethovens Arbeits- und Schlafraum für die Schausammlung des Historischen Museums nachbauen zu können. Die Tischlerei Julius Fadrus dokumentiert in einem Fachgutachten Alter und Erhaltungszustand der umfangreichen Memorabilien, einer der Stadtbahnbögen (Otto Wagners Monumentalbau ist zu dieser Zeit noch keine zehn Jahre alt) bildet fürs erste das Zwischenlager.

Doch auf Österreich kommen schwierige Zeiten zu, man hat andere Sorgen: Beethovens Sterbezimmer bleibt weiterhin in seine Einzelteile zerlegt. Ein Glück immerhin, daß lange zuvor schon, bei der 1863 vorgenommenen Umbettung des Leichnams, auch Reste von Beethovens Sterbegewand sowie Teile des ursprünglichen Holzsarges sichergestellt worden

Hinter dieser Tür starb am 26. März 1827 Ludwig van Beethoven. Das in Einzelteile zerlegte Zimmer hat den Abriß des Hauses Schwarzspanierstraße 15 makellos überlebt.

sind. Auch sie landen – und sie als Spende der Vorbesitzer – in den Städtischen Sammlungen. Und zählen seither zu den besonderen Raritäten des Historischen Museums, von wo sie von Zeit zu Zeit (zuletzt 1994/95 für die brillante Ausstellung »Kultobjekte der Erinnerung« in der Hermesvilla) aus dem Depot hervorgeholt und einer interessierten Öffentlichkeit zugänglich gemacht werden. Der Plan, Beethovens letztes Domizil eines Tages doch noch wiederherzustellen, ist bis heute nicht ad acta gelegt worden. Man darf also weiterhin hoffen.

Wo Franz Schubert an der Orgel saß

Winter 1917/18. Jeder weiß, der Krieg ist nicht mehr zu gewinnen; sogenannte »Opfertage« für Invalide, Witwen und Waisen wechseln mit Arbeiterdemonstrationen ab, in denen zu unverzüglicher Niederlegung der Waffen aufgerufen wird; das Notverordnungsrecht ermächtigt die örtlichen Behörden, alles an Metallgeräten aus Privathaushalten zu konfiszieren: Österreichs Rüstungsindustrie pfeift aus dem letzten Loch.

Apropos pfeifen: Auch die Kirchen haben ihren Beitrag zur Materialbeschaffung zu leisten, müssen ihre Orgelwerke stilllegen, die wertvollen Zinnpfeifen herausrücken. Hinter dem »Prinzipalprospekt« der »Schubert-Orgel«, die den besonderen Stolz der Lichtentaler Pfarre bildet, schlummert zu 87,5 Prozent das begehrte Metall: Die wichtigsten Teile der von dem Wiener Orgelbauer Johann Michael Panzner anno 1774 installierten Pfeifenwerke landen in der Altmetallsammelstelle des Bezirks Alsergrund.

Die Lichtentaler trifft der Verlust härter als andere: 1923 wollen sie – mit kriegsbedingter Verzögerung – das Zweihundert-Jahr-Jubiläum ihres Gotteshauses nachholen. Ohne Orgel? Ganz klar: Eine neue muß her! Die fehlenden Zinn- werden durch billige Zinkpfeifen ersetzt, das spätbarocke Werk umgebaut und erweitert. Die pneumatisch gesteuerte Anlage verbleibt zwar im alten Gehäuse, doch wo vormals Farbanstrich und Vergoldung für üppigen Zierat sorgten, heißt es nun mit kargem Grau und einfacher Bronze sein Auslangen finden. In einem Punkt aber beweist man Weitblick: Bei der Montage des neuen Instruments wird nicht verabsäumt, den ausrangierten Spieltisch von einst aufzubewahren. Das kostbare alte Stück, an dem zwischen 1812 und 1820 Franz Schubert die Register gezogen hat, ist gerettet!

Und bleibt gerettet bis zum heutigen Tag: In einer verglasten Nische der Emporenstiege ist das auratische Kirchenmöbel zur allgemeinen Besichtigung freigegeben. Jeden Sonntag nach der Halb-elf-Uhr-Messe finden Führungen statt (und unter der Telephonnummer 3 15 26 46 können auch individuelle Termine vereinbart werden). Die Adresse: Wien IX., Marktgasse 40. Im Schubert-Jahr 1997 konnte, wer sich für den Sonntagstermin entschied, den Augen- obendrein mit einem Ohrenschmaus verbinden: An jedem Sonntag wurde im Rahmen des Hochamtes der Lichtentaler Pfarrkirche eines der Sakralwerke des Meisters aufgeführt. Genius loci in höchster Vollendung, Franz Schubert pur.

Der Himmelpfortgrund ist zu Schuberts Zeiten ein Arme-Leute-Viertel mit kaum hundert Häusern und dreitausend Einwohnern: ringsum Viehweiden, Ziegelgruben, Äcker. Die – wie die Chroniken berichten – »größtenteils dürftigen Familien« bringen sich als Kleinhandwerker und Tagelöhner durch, beinah jede zweite Frau ist berufstätig: als Dienstmädchen, Wäscherin, Köchin, Webereiarbeiterin. Die Kinder »tauschen Holzspäne gegen Kirschen, ein Stück Brot gegen ein Würstlein, ein Würstlein gegen einen lebkuchenen Reiter oder einen lebkuchenen Reiter gegen ein paar Erdäpfel«. Sie sind »fleißig im Lernen, genügsam im Leben und gehen schnell zu praktischem Nahrungsverdienste über«.

Fünfundzwanzig Quadratmeter mißt die Wohnung Nr. 14 im ersten Stock des Hauses »Zum roten Krebsen«, in deren Rauchküche Maria Elisabeth, die Gattin des Schullehrers Franz Theodor Schubert, am 31. Jänner 1797 als zwölftes von insgesamt vierzehn Kindern den kleinen Franz zur Welt bringt. Schon einen Tag nach seiner Geburt kommt er erst-

mals mit der Lichtentaler Kirche in Berührung: Über die
Große Stiege wird der neue Erdenbürger zur Taufe hinabge-
tragen.

Regens chori Michael Holzer unterweist den Heranwach-
senden im Orgel- und im Generalbaßspiel, mit acht darf der
»Franzl« bereits im Kirchenchor mitsingen, und als der Sieb-
zehnjährige seine erste Messe fertigkomponiert hat, kommt
für deren Uraufführung selbstverständlich kein anderer Ort
in Betracht als die eigene Pfarrkirche: Zur Feier ihres Hun-
dert-Jahr-Jubiläums am 16. Oktober 1814 dirigiert Schubert
seine Messe in F-Dur für vier Solostimmen, gemischten Chor,
Orchester und Orgel. Bruder Ferdinand, drei Jahre älter als
er, sitzt an der Orgel, der Violinvirtuose Josef Mayseder am
ersten Geigenpult; Therese Grob, Tochter eines Seidenfabri-
kanten, die zu ehelichen er, der arme Schlucker, sich ein für

Franz Schubert an der Orgel der Kirche zu den Vierzehn Nothelfern

alle mal bald aus dem Kopf schlagen muß, singt das Sopran-Solo, Hofkapellmeister Salieri, der dem Debüt seines Schülers beiwohnt, spendet hohes Lob, und Vater Schubert wird dem Sprößling unter dem Eindruck seines stolzen Erfolges sogar ein Klavier schenken (das einzige, das er jemals selber besitzen wird). Auch die nächsten Sakralwerke – drei Messen, ein Salve Regina und ein Tantum Ergo – widmet Franz Schubert seiner Stammpfarre, läßt sie zum erstenmal in Lichtental erklingen. Und so wird im Volksmund aus der Kirche zu den Vierzehn Nothelfern sehr bald die »Schubert-Kirche«. Sie ist es heute, nach der aufwendigen, zwischen 1994 und 1997 im Zusammenwirken von Pfarre, Erzdiözese, Bundesdenkmalamt und Gemeinde Wien erfolgten General-restaurierung, mehr denn je.

Schwarzer Kaffee und gemischter Tabak

Auf dem Tisch vorm Sofa, das wie der daneben lehnende Schaukelstuhl nur von seinen Gästen benutzt wurde, während er selbst ihnen immer auf einem gewöhnlichen Rohrstuhl oder auch am Klavier gegenübersaß, mußten Tag und Nacht die Kaffeemaschine samt Service sowie der Tabakbehälter in Bereitschaft stehen. Er kochte sich sein Lieblingsgetränk selbst, wie er auch seine aus verschiedenen Tabaksorten gemischten Zigaretten eigenhändig drehte.« Max Kalbeck, Musikreferent der »Neuen Freien Presse«, in seinen Erinnerungen an Freund Johannes Brahms.

Für Reliquienjäger wie für Stimulans-Forscher gibt's frohe Kunde: Sie können Brahms' komplettes Lasterinstrumentarium persönlich in Augenschein nehmen! Sowohl der elegante Spirituskocher aus der Manufaktur des Wiener Hoflieferanten Hippolit Turzanski (Porzellansockel und Messingkessel, Glasglocke, Brennplatte und Sieb) wie der halb mannshohe Tabakständer (Nußholzgestell mit Zigarrenbehälter, Zündholzreibfläche, Kerzenhalter und Aschenbecher) befinden sich als Dauerleihgaben der Wiener Städtischen Sammlungen im Brahms-Museum zu Mürzzuschlag. Der Ausflug in die obersteirische Künstlersommerfrische der Jahre 1884/85 lohnt sich auch sonst: In den Räumen des vorzüglich erhaltenen Hauses an der Wiener Straße 2 erwartet den Besucher eine der stimmungsvollsten Musikergedenkstätten Österreichs (täglich 10 bis 12 und 14 bis 18 Uhr).

Ob Mürzzuschlag (wo die IV. Symphonie und an die dreißig Vokalwerke entstehen) oder Pörtschach, ob Preßbaum oder Ischl – durchwegs sind es die Sommerquartiere, an denen der

Wahlwiener aus Hamburg zu seiner Höchstform findet. Da
sich diese Höchstform aber nur einstellt, wenn sowohl in aus-
reichender Menge wie in der gebotenen Qualität die nötigen
»Drogen« zur Hand sind, stehen die Mürzzuschlager Exponate hoch über dem üblichen Haarlocken-Fetischismus: Sie
tragen auf ihre Weise dazu bei, ein wenig vom Mysterium des
kompositorischen Schaffensprozesses zu erhellen.
Brahms ist ein geselliger Typ, der seine Umgebung an seinen
Genüssen teilhaben läßt. Damit ihm nie, wenn er Gäste hat,
der Mokka ausgeht, steht als Reserve noch ein zweiter Ko-
cher bereit; damit er auch auf Reisen über die entsprechen-
de Lieblingssorte verfügt, läßt er sich per Post die Kaffee-
bohnen seiner Wahl aus Wien nachsenden; auch die Vorräte
an Havanna-Zigarren sowie an auserlesenen Likören werden
laufend aufgestockt; und für die Kleinen deckt er sich in seiner Stammconfiserie mit Kieselsteinzuckerln ein, die er bei
jeder Gelegenheit aus den Taschen seiner Beinkleider her-
vorzaubert, wobei es sein ganzes Entzücken bildet, wenn er
die naiven Landkinder glauben machen kann, sie lutschten
wahrhaftig an Mineralien. »Gschrappen«, die es ihnen heute
gleichtun wollen, finden im Museums-Shop Nachbildungen
der Brahms-Zuckerln von anno dazumal. Aber auch die »Großen« kommen in Mürzzuschlag auf ihre Kosten: indem sie sich
ihre etwaige Huldigungs-Pfeife nicht mit einem der neuzeit-
lichen Feuerzeuge anzünden, sondern selbstverständlich mit
einem Streichholz à la Brahms (die Schachtel zu 19 Schilling).
Ich weiß, am Souvenirkult scheiden sich die Geister. Doch
keine Sorge: All die vielen anderen Brahms-Memorabilien,
die sich erhalten haben, sind nicht als dubiose Duplikate auf
dem Markt, sondern lagern im Originalzustand in den Rega-
len der Museumsdepots: Manschette und Krawatte, Unter-
hose und Galoschen, Bärenfell und Waschkasten, Reise-
stockerl und Flachmann, Kohlenschaufel und Spucknapf (sie

allerdings in Wien). Als zehn Jahre nach des Meisters Tod das Haus in der Karlsgasse, das seit 1871 sein Wohnsitz ist, geschleift wird und seine Vermieterin Celestine Truxa aus dem 4. in den 6. Bezirk umzieht, verbleibt das gesamte Inventar, obwohl nominell im Eigentum der seit 1904 bestehenden Brahms-Gesellschaft, im Übersiedlungsgut, und Sohn Leo Truxa rettet es seinerseits über den Zweiten Weltkrieg hinweg. Etliche der kostbaren Stücke, unterdessen den Städtischen Sammlungen einverleibt, können somit im Wiener Brahms-Gedenkraum bestaunt werden, der dem Haydn-Museum in Mariahilf angegliedert ist (VI., Haydngasse 19, dienstags bis sonntags 9 bis 12 Uhr und 13 bis 16 Uhr).

Tag und Nacht im Einsatz: Johannes Brahms' Kaffeemaschine

Besuchern, denen dies alles noch immer zu wenig ist, sei Kalbecks eingangs erwähnte (und üppig illustrierte) Beschreibung des Brahms-Domizils empfohlen: Von der Türglocke bis zum Klavier, vom Reisekoffer bis zum Bett lassen sich auf diese Weise Aura und Lebensstil des Meisters bequem nachvollziehen. Überflüssigstes Stück: der Wandspiegel, in den der bekannt uneitle Brahms kaum je hineingeblickt haben dürfte. Um so interessanter die Bibliothek, in der er kein Buch duldete, das er nicht gelesen hatte, so daß er jedes, das er suchte, auf Anhieb auch im Finstern fand. Und noch etwas, das Brahms vor manchen seiner Kollegen auszeichnete, bedarf der Erwähnung: Seine Wohnung war ein einziger Hort der Huldigung an die anderen Großen seines Metiers. Hier eine Haydn-Büste, dort ein Händel- und ein Mendelssohn-Porträt, hier ein Doppelmedaillon der Schumanns, dort Beethovens Todesmaske – und auf dem Notenpult des Klaviers, spielbereit aufgeschlagen, fast immer eines der Werke seines Abgottes Bach.

Bodenscheue Beinkleider und schlotternde Jacketts

Die schwere Neurose, die den Dreiundvierzigjährigen über Monate dem Zwang unterwirft, alles, was ihm ins Blickfeld gerät, zählen zu müssen: die Blätter am Baum, die Fenster eines Hauses, die Sterne am Himmel, scheint fürs erste überwunden. Anton Bruckner, im Herbst 1868 zum k. k. Hoforganisten bestellt, kann nach Absolvierung einer Kaltwasserkur in Bad Kreuzen die Übersiedlung nach Wien in die Wege leiten: »Lebe wohl!« kritzelt er mit Bleistift in den Spieltisch der Linzer Domorgel.

Nanni, die Lieblingsschwester, begleitet ihn an den neuen Wohnsitz und führt ihm die Wirtschaft. Mit im Reisegepäck: ein Porträt der frühverstorbenen Mutter – eigens hat er einen Photographen an ihr Totenbett in Ebelsberg beordert. So oft ihn neue Depressionen heimsuchen, wird er den dunkelgrünen Vorhang an der Schlafzimmerwand beiseite schieben und mit dem dahinter verborgenen Bild Zwiesprache halten. Die Wohnung im dritten Stock des Hauses Heßgasse 7, gleich neben dem Ringtheater (dessen Brand am 8. Dezember 1881 ihn so tief erschüttern wird, daß er fortan statt Petroleumlampen nur noch Kerzen als Beleuchtungskörper um sich duldet), weist bloß das Allernötigste an Mobiliar auf. Das Tischchen neben dem Flügel ist so prall mit Notenblättern überhäuft, daß nur ein winziges Eckchen fürs Komponieren freibleibt. Kein Teppich, kein Vorhang. Zwei Schränke werden angeschafft – auch sie nichts Besonderes: einer zum Legen, der andere zum Hängen. Hier Bettzeug und Unterwäsche, dort das Gewand.

Als nach Bruckners Tod das gesamte Inventar in die Hände seiner Geschwister übergeht, wissen Ignaz und Rosalia auf der Stelle, was sie damit zu tun haben, und lassen im Stift St. Florian ein Gedenkstüberl einrichten. Nur der Wäschekasten verbleibt im Familienbesitz, dient dem Vöcklabrucker Gärtnermeister Hueber, der Bruckners Schwester Rosalia zur Frau genommen hat, als Dekorationsstück für die Auslage. So lassen sich, von Zyklamen umkränzt und mit einer Bruckner-Büste als Blickfang, Firmenreklame und Künstlerverehrung vortrefflich unter einen Hut bringen.

Es kostet die Emissärinnen des Anton-Bruckner-Instituts, die ein Jahrhundert später ein begehrliches Auge auf das geheiligte Möbel werfen werden, nur wenige Worte, den Hueber-Nachkommen das gute Stück abzubetteln: Der Wäschekasten kehrt an seinen Ursprungsort Wien zurück. Daß der Sattledter Tischler, der die inzwischen schadhaft gewordenen Teile ausgebessert hat, nur die reinen Selbstkosten in Rechnung stellt, paßt ebenso ins Bild wie die Wahl des künftigen Aufbewahrungsortes: kein protziger Schauraum, sondern eines der schlichten Arbeitszimmer der Kommission für Musikforschung (I., Fleischmarkt 20–22, Tel. 5131396).

Der Aura des Bescheidenen, Naiven, ja Tölpelhaften, die ganz wesentlich zum Persönlichkeitsbild des großen Symphonikers aus Oberösterreich gehört, ist man in diesem Nicht-Museum mit Sicherheit näher als anderswo. Unbelastet von allem theatralisch inszenierten Geniekult, läßt sich an dieser von keinem Wien-Führer angepriesenen Adresse vorzüglich in Leben und Leiden des »Musikanten Gottes« hinabtauchen, der die (kürzere) zweite Hälfte seines Daseins in der Reichshaupt- und Residenzstadt verbringt, dort – im Schatten des bärbeißigen Brahms und des eleganten Strauß – für alle Zeiten ein Fremdling bleibt, mehr und mehr sein Äußeres vernachlässigt, das Haar kurz trägt, sich in boden-

Nach Wien zurückgekehrt: Anton Bruckners Wäschekasten

scheue Beinkleider und übergroße Jacketts flüchtet, ja sein verschrobenes Outfit vielleicht gar als Mimikry kultiviert.

Wo hat's das in Wien je gegeben, daß ein Hochschullehrer (neben seinem Doppelberuf Organist/Komponist unterrichtet Bruckner auch am Konservatorium und an der Universität) seine Vorlesungen unterbricht, um mit den Studenten den »Engel des Herrn« zu beten? Daß er in seinen Taschenkalendern genau Buch führt über die täglichen religiösen Übungen, daß er all den Mädchen, um die er (vergeblich) wirbt, zwecks Anbandelns eine Taschenuhr und ein Gebetbuch zusteckt und daß er bei Schuberts Exhumierung auf dem Währinger Friedhof die Gelegenheit benützt, dem Hochverehrten zärtlich über den Totenschädel zu streichen, läßt noch zu seinen Lebzeiten die Bruckner-Anekdoten ins Kraut schießen, und der Köchin Kathi Kachelmayer, die ihm seine Leibspeisen – Milchnudeln, Geselchtes mit Grießknödel und Schokoladensuppe – auftischt, sagt er selber voraus, sie werde durch ihn zur historischen Persönlichkeit werden. Und in der Tat: Daß sie Bruckner seit dem Ableben seiner Schwester nun auch die Wohnung instand hält, die Blumen gießt, die Kleider besorgt und den Arzt ruft, macht die resolute Landsmännin für den Rest seiner Tage zu seiner engsten Vertrauten. Der Wäschekasten in dem Hinterhausbüro am Fleischmarkt ist somit nicht nur ein Bruckner-, sondern zugleich ein Kachelmayer-Denkmal.

Das »Winterklavier«

Wenn ihn die Gassenbuben mit ihrem Peitschengeknall zur Raserei bringen, stürzt er aus dem Haus und konfisziert ihnen die Kreisel, und um dem »vermaledeiten Gezwitscher« der Finken ein Ende zu machen, beschafft er sich eine Flinte und legt auf die frühmorgendlichen Störenfriede an. Na, wenigstens bleibt er hier von den sangesfreudigen Kirchenbesuchern verschont, deren »Brüllerei« ihm unlängst am Traunsee so fürchterlich zugesetzt hat: »Am Pfingstmontag war vier Mal Messe!« Wie soll man da zum Komponieren kommen?

Die Jahre in Perchtoldsdorf sind für Hugo Wolf – abgesehen von Zwangspausen, in denen sich die Todeskrankheit des bei einem Besuch des Wiener Bordells »Zur Lehmgruben« mit Syphilis Infizierten ankündigt – eine Phase rauschhafter Schaffenskraft: Gezählte 116 Lieder bringt er zwischen 1888 und 1896 zu Papier, vor allem die virtuosen Mörike-Vertonungen – einmal sind es nicht weniger als drei an einem Tag. Auch das »Spanische Liederbuch« entsteht hier, desgleichen Teile der Oper »Der Corregidor«, und bei der Gestaltung des Klaviersatzes für Goethes »Kennst du das Land« gelingt ihm zum erstenmal die Weitung ins Orchestrale, was bedeutet, daß er seinem Flügel das Äußerste an Expressivität abverlangt: »Hätte ich zur gestrigen Geisterstunde Publikum um mich gehabt, die Leute hätten gedacht, der Teufel musiziere ihnen was vor …«

Es handelt sich um ein Fabrikat der k. k. Hof-Pianoforte-Manufaktur Promberger & Sohn in der Wiener Florianigasse, die über ein eigenes Privileg für Glockenklaviere verfügt und

mit ihrem »Sirenion« in die Ruhmeschronik der Klavier-
macherkunst eingehen wird. Besitzer des kostbaren Instruments, das unter Wolfs Händen zum »imaginären Orchester«
avanciert, ist die Familie Werner, die den ehemaligen Mont-
serraterhof in der Brunnergasse zu Perchtoldsdorf zu ihrem
Sommersitz erkoren hat. Heinrich Werner ist Börsenmakler;
bei einem Besuch des Architekten Viktor Preyss in dessen Villa in Mayerling lernt er den Mittzwanziger Hugo Wolf kennen, der, noch immer auf Zuwendungen aus dem Windisch-
grazer Elternhaus und auf seine Einkünfte als Klavierlehrer
angewiesen, von kunstsinnigen Wohltätern durchgefüttert
wird.

Nun also sind es die Werners, die sich seiner annehmen: Ihr
Perchtoldsdorfer Besitz steht den Winter über leer, hier kann
sich Österreichs Liederkomponist Nr. 1 zwischen Oktober
und Mai einnisten. Das Musikzimmer im Obergeschoß ist
turmartig angelegt; eines der Fenster geht auf den weitläufigen Garten, ein zweites auf den Nachbargrund, das dritte zur
Straße.

Für die kalte Jahreszeit ist das Anwesen freilich schlecht
gerüstet: Der alte Kachelofen schafft nicht mehr als acht Grad
Réaumur, auch ist kein Wasser im Haus, fürs Licht bleibt der
Nachtarbeiter Hugo Wolf auf die schwache Petroleumfunzel
angewiesen, und mit der Bedienung klappt's erst, als die un-
wirschen Gärtnersleute, die sich durch das »Aniklempern« des
neuen Bewohners in ihrem Winterschlaf gestört fühlen, eine
Nachfolgerin erhalten: Der gutmütigen Pepi können die Ma-
rotten des Sonderlings, der sie einmal gar mit dem Ausspruch
»Wissen S' denn nicht, daß ich ein Mörder bin?« zu schrecken
versucht, wenig anhaben.

Auf dem runden Biedermeiertisch breitet er sein bißchen
Habe aus: das Notenpapier, das Schreibzeug, die Bücher, den
Tabak. Auf einem Rohrtischchen steht die Kaffeemaschine

*»Wenn der Teufel musiziert«: Hugo Wolfs Piano im
Perchtoldsdorfer Winterquartier*

der Marke »Non plus ultra«, an einem Kleiderhalter hängt die Kautschuk-Reisebadewanne, die er für die täglichen kalten Waschungen braucht. Läßt das Wetter es zu, so streift er das wollene Wams über und klettert über den Gartenhang zum »Häuslein Windebang« hinauf, einem tempelartigen Salettl mit Aussicht auf Weinstöcke und Hochberg, wo sich's vortrefflich über die Gedichte meditieren läßt, die er sich für die nächste Vertonung vorgenommen hat.

Wenn Melanie Köchert, die leidenschaftlich ergebene Hugo-Wolf-Muse und Gattin des Wiener Nobeljuweliers, aus der Stadt zu Besuch kommt, liest sie ihrem Schützling jeden Wunsch von den Augen ab: Einmal ist es eine Kaffeemühle, einmal ein Paar neue Schuhe, ein andermal eine Lieferung frische Eier, dann wieder ein Billet fürs nächste philharmonische Konzert. Drei Jahre nach seinem frühen Tod – der inzwischen vom Größenwahn Gezeichnete wird im Oktober 1898 in die Landesirrenanstalt in der Wiener Lazarettgasse eingeliefert und stirbt knapp dreiundvierzigjährig am 22. Februar 1903 in den Armen seines Wärters – wird sich die unglücklich Liebende gleichwohl Vorwürfe machen, zu wenig für ihn getan zu haben, und verübt mit einem Sprung aus dem Köchert-Haus am Mehlmarkt Selbstmord.

Die Hugo-Wolf-Gedenkstätte in Perchtoldsdorf mit ihrem im Originalzustand belassenen Komponierstüberl (Brunnergasse 26) kann nach telephonischer Vereinbarung (8 66 83 52) besichtigt werden; das berühmte »Winterklavier« ist nicht nur nach wie vor intakt, sondern wird sogar in regelmäßigen Abständen gestimmt.

Notenpulte – hausgemacht

W as – zu seiner Musik nun auch noch seine Bilder? Da muß einem ja zugleich Hören und Sehen vergehen!« Die Berichte über die Ausstellung in der Hellerschen Buchhandlung am Bauernmarkt sind vernichtend: Arnold Schönberg stellt sich im Herbst 1910 der Öffentlichkeit auch als Maler vor. »Grauenvollster Dilettantismus!« urteilt das »Wiener Illustrierte Extrablatt« über die siebenundvierzig Gemälde und Aquarelle. Doch der Sechsunddreißigjährige ist Schelte gewohnt: Die Uraufführungen seiner beiden ersten Streichquartette und seiner Kammersymphonie haben mit solchen Tumulten geendet, daß er auf die Eintrittskarten eines Wiederholungskonzerts den Vermerk drucken läßt, das Publikum sei nur zu ruhigem Zuhören berechtigt, nicht aber zu Meinungsäußerungen wie Applaus oder Zischen.

Schönbergs Selbstwertgefühl tut dies alles keinen Abbruch: Als er sich, um seine kärglichen Einkünfte als Komponist aufzubessern, seinem Verleger auch als Porträtmaler empfiehlt, verbittet er sich ein für allemal jedwede Kritik. Eventuellen Auftraggebern sei klarzumachen, »daß es doch viel interessanter ist, von einem Musiker meines Rufes gemalt zu werden als von irgendeinem Kunsthandwerker, dessen Namen in zwanzig Jahren kein Mensch mehr kennt«.

Die Geschichte wird ihm recht geben: Auch Schönbergs bildnerisches Talent ist heute, neunundvierzig Jahre nach seinem Tod, unbestritten. Man sehe sich in Mödling um, seinem Domizil zwischen 1918 und 1925: Im ehemaligen Arbeitszimmer befindet sich nicht nur seine Staffelei, sondern auch Faksimiles seiner Graphiken »Der Sieger« und »Der Besiegte«.

Vor allem aber kann der Besucher in den restaurierten Räumen in der Bernhardgasse 6 (Donnerstag und Freitag 9 bis 15 Uhr, Telephon 0 2236-4 22 23) noch eine weitere Seite des Multitalents Schönberg kennenlernen: die des begnadeten Bastlers. Die für die Mödlinger Hauskonzerte (er selber übernimmt in seinem Streichquartett den Cello-Part) gezimmerten Notenpulte stammen von seiner Hand, sind aus Bretterresten und Besenstielen zu einem raffiniert verstellbaren Gebilde zusammengefügt, ja sogar mit einer Ablage für den Aschenbecher ausgestattet: Der notorische Kaffee-, Likör-,

Arnold Schönberg war nicht nur ein Musikgenie und Maltalent, sondern auch ein begnadeter Bastler: Die Notenpulte für sein Mödlinger Streichquartett hat er selber gezimmert.

Codein- und Pantopon-Konsument raucht bis zu hundert Zigaretten am Tag. Passionierter Buchbinder, fertigt er sich selber die Partituren an, für seine Frau malt er Patiencekarten, und aus Pappmaché zaubert er eine Spielzeuggeige. Nur für das faltbare Reisepult und den schweren Überseekoffer mit dem Spezialfach für den Frack muß er handwerkliche Hilfe in Anspruch nehmen.

Der Wiener Schuhhändlerssohn Arnold Schönberg ist dreiundvierzig, als ihm im Frühjahr 1918 die Wohnung nächst Schloß Schönbrunn gekündigt wird: Die Familie übersiedelt ins Hochparterre einer Mödlinger Gründerzeitvilla, wo auch für den nun einsetzenden Gruppenunterricht seiner Schüler ausreichend Platz ist. Zum Jour fixe am Sonntagmorgen finden sich sein Lehrer Alexander von Zemlinsky (dessen Schwester Mathilde er 1901 geheiratet hat) sowie die Kollegen Alban Berg und Anton von Webern ein; letzterer ist sogar, um seinem Idol nahe zu sein, nach Mödling übersiedelt und wohnt ums Eck in der Neusiedlerstraße.

Der Geniestreich, mit dem Schönberg in die Musikgeschichte eingehen wird, kündigt sich erstmals 1921 an; in der Sommerfrische am Traunsee weiht er seinen Assistenten Josef Rufer ein: »Ich glaube, ich habe eine Methode des Komponierens gefunden, die die Vorherrschaft der deutschen Musik für die nächsten hundert Jahre sichert.« Achtzehn Monate später ist es soweit, daß er seinen Jüngern am Beispiel der noch unveröffentlichten neuesten Kompositionen die sogenannte Zwölftontechnik erläutern kann. Die Wiege der »Wiener Schule« steht also nicht in Wien, sondern in Mödling!

Noch im selben Jahr stirbt Gattin Mathilde; Gertrud, die Schwester seines Schülers Rudolf Kolisch, wird Schönbergs zweite Frau. In der evangelischen Stadtkirche findet die Trauung statt – vom Erker seines Arbeitszimmers blickt er auf den Kirchturm. Die Glocken stören ihn hier weniger als in

Wien, wo er sich darüber beim Kollegen Mahler ausweint
(der ihm daraufhin rät: »Dann nehmen Sie sie doch einfach
in Ihre nächste Symphonie!«)

1925 löst Schönberg, einem Ruf an die Berliner Akademie der
Künste folgend, den Mödlinger Haushalt auf, 1933 emigriert
er in die USA. Nach Österreich, wo er schon früh mit antise-
mitischen Ausschreitungen konfrontiert worden ist, wird er
nie wieder zurückkehren. Wohl aber macht die 1972 gegründete Internationale Schönberg-Gesellschaft aus dem ehemaligen Domizil eine Gedenkstätte, die Schönberg-Kinder steu-
ern Memorabilien aus ihrem Besitz bei, Konzerte mit Welt-
klassekünstlern und Kurse für serielle Musik nehmen ihren
Anfang, Prof. Richard Hoffmann, einer seiner letzten und
engsten Vertrauten, kommt Jahr für Jahr mit seinen Studenten aus Ohio zu mehrmonatigen Seminaren angereist: Mödling wird – mehr als zu seinen Lebzeiten, wo Sohn Georg als
Teamspieler beim örtlichen Fußballklub größere Popularität
genießt als der nachmals weltberühmte Vater – posthum zur
Schönberg-Stadt.

Lehár und die Schikaneder-Sänfte

Was hat die »Lustige Witwe« mit der »Zauberflöte« zu tun? Anders gefragt: Wieso wird das Haus Hackhofergasse 18 von den einen »Lehár-Schlössl« genannt und von den andern »Schikaneder-Schlössl«? Auf zum Lokalaugenschein nach Nußdorf!

Wären da nicht die beiden Porträtreliefs links und rechts vom Eingang, ließe die straßenseitige Hausfront kaum etwas von der Besonderheit der Adresse ahnen. Hat man aber einmal das Tor durchschritten, so folgt eine Überraschung auf die andere: der stimmungsvolle Hof, gleich linker Hand die spätbarocke Hauskapelle (in der Startenor Richard Tauber getraut worden ist), geradeaus die zum Obergeschoß führende Freitreppe, dann der imposante Festsaal mit der »Königin der Nacht« am Deckenfresko, schließlich der Blick in den 3000 Quadratmeter großen Park, im Hintergrund die Donau. Bleiben wir im Saal. Hier vor allem ist es, wo sich die Biographien zweier Giganten des Musiktheaters überschneiden: des »Zauberflöte«-Librettisten Emanuel Schikaneder und des Operettenkomponisten Franz Lehár. Als dieser zur Welt kommt, ist jener bereits 58 Jahre unter der Erde. Was sie miteinander verbindet, ist das Haus: Hier haben beide residiert. Und zumindest eines der Stücke des Inventars haben beide benützt: die schöne alte Sänfte. Dem Älteren dient der barocke Tragsessel mit dem vergoldeten Schnitzwerk, dem feingeschliffenen Glasfenster, der gepolsterten Sitzfläche, den brokatenen Sitzgurten und dem mit Samt ausgeschlagenen Inneren als Transportmittel, dem Jüngeren als Puppenvitrine. Baulich wiederholt stark verändert, ist das Anwesen vis à vis des nicht minder berühmten Zwettlhofs ursprünglich im Eigentum des passauischen Rentamtes Königstetten. Als 1801 der aus Bayern zugewanderte Schauspieler, Sänger und Theaterdichter Emanuel Schikaneder – zehn Jahre nach der Uraufführung von Mozarts »Zauberflöte«, zu der er nicht nur das Textbuch beisteuert, sondern auch als erster Papageno auf die Bühne tritt – das Theater an der Wien gründet, hält der Fünfzigjährige nach einem standesgemäßen Logis Ausschau. Seine Wahl fällt auf den ehemaligen Freihof im zu dieser Zeit noch ländlichen Nußdorf. Doch die 10 000 Gulden, die er dem Vorbesitzer hinblättert, sind schlecht angelegt: Napoleons Truppen plündern das Schloß, den Rest besorgt die Geldentwertung von 1811. Schikaneder, verelendet und bald auch geistig umnachtet, stirbt in einer Mietwohnung im Bezirk Josefstadt und wird in einem Armengrab auf dem Währinger Friedhof beigesetzt.

Wieder wechselt das nunmehrige »Schikaneder-Schlössl« mehrmals den Besitzer, ehe 1932 Franz Lehár zugreift. Der zu dieser Zeit Zweiundsechzigjährige blickt auf Welterfolge wie »Die lustige Witwe«, »Der Graf von Luxemburg«, »Paganini« und »Das Land des Lächelns« zurück; jetzt sitzt er über der Partitur seines Spätwerks »Giuditta«. Der Meister der Operette genießt, was 130 Jahre vor ihm der Meister der Oper genossen hat: den prachtvollen Landsitz am Stadtrand Wiens. Und was ihn daran besonders freut: Unter dem Mobiliar von anno dazumal hat sich auch die kostbare alte Sänfte erhalten, mit der sich Schikaneder – vier kräftige Mannsbilder an den Tragstangen – in »sein« Theater hieven ließ.

Inzwischen ist allerdings das Autozeitalter angebrochen: Lehár bestückt das anachronistische Vehikel mit Puppen seiner Operettenfiguren, die ihm Verehrer zum Geschenk gemacht haben. In stilechte Kostüme gewandet, tummeln sich also nun Miniaturen von Hanna Glawari und Frasquita, des

Lehár-Figuren in der Schikaneder-Sänfte

Zarewitsch und des Prinzen Sou-Chong auf dem Schikaneder-Tragsitz …

1945 wird dem Nußdorfer Anwesen ein weiteres Mal übel mitgespielt. Was seinerzeit die französische Soldateska, sind nun die russischen Besatzer: Sämtliche Räume (die der kurz vor Kriegsende erkrankende Lehár unterdessen mit seinem Ischler Domizil vertauscht hat) werden brutal verwüstet; erst die Amerikaner, die als nächste Einzug halten, erweisen dem Schöpfer der »Merry Widow« Reverenz. Doch zur Wiederinstandsetzung kommt es erst nach des Meisters Tod (1948): General Anton Freiherr von Lehár, der jüngere Bruder, der das Erbe antritt, die Verwaltung des Nachlasses übernimmt und auch selber in der Hackhofergasse Quartier bezieht, eröffnet 1951 in einem Teil der Räumlichkeiten eine Gedenkstätte, und da darf natürlich auch die gute alte Sänfte nicht fehlen. Er muß dafür tief in die Tasche greifen: Lehárs in der Schweiz lebende Schwester, der die Inneneinrichtung des Hauses zugefallen ist, hat das meiste davon veräußert, Bruder Anton muß es vom Dorotheum zurückkaufen. Als er selber 1962 das Zeitliche segnet, geht der komplette Besitz an jenes brave Ehepaar über, das ihn und seine Frau in deren letzten Lebensjahren gepflegt und umsorgt hat: Erich und Hermine Kreuzer. Liebevoll und ohne fremde Hilfe hüten sie nun schon achtunddreißig Jahre das »Lehár-Schlössl« und lassen bei Voranmeldung (Tel. 3 18 54 16) gern auch interessierte Besucher ein.

Ihr schönstes Erlebnis: Unlängst stellte sich ein Gast in der Hackhofergasse ein, um die seit Kriegsende »abgängige« Hanna Glawari zurückzuerstatten. Als kleiner Bub hatte ihm beim Spielen im demolierten »Lehár-Schlössl« einer der sowjetischen Besatzungssoldaten die Puppe zugesteckt. Inzwischen Großvater, wollte er das guterhaltene Stück einer seiner Enkelinnen schenken. Doch die, weder für Antiquitäten aufgeschlossen noch operettenkundig, gab dem Opa deutlich zu verstehen, daß ihr eine »Barbie« lieber wäre. Und so ist die »Lustige Witwe« aus der Schikaneder-Sänfte seit kurzem wieder an ihrem angestammten Platz.

Die Zither nahm er mit ins Grab

Es ist die Zeit der »Vier im Jeep«: Wien ist in Zonen aufgeteilt, nur die Innere Stadt wird – mit monatlich wechselndem Oberkommando – von den vier Besatzungsmächten gemeinsam administriert. Alexander Korda, englischer Filmproduzent altösterreichischer Abkunft, plant einen Krimi, der im Wiener Schwarzmarktmilieu von 1946 spielen soll. Hinter der »Underground Police«, von der in London geraunt wird, vermutet man Subversiv-Politisches: Starautor Graham Greene reist zu Motivstudien ins Nachkriegs-Wien. Und dort stellt sich heraus: Es ist nichts anderes als die gute alte Kanalbrigade, die das unterirdische Abwässersystem kontrolliert. Auch nicht schlecht – Greene schreibt das Drehbuch für den »Dritten Mann«: die Story vom Penicillinfälscher Harry Lime, der sich im Sowjetsektor der Stadt dem Zugriff der Exekutive entzieht und schließlich im Reich der Ratten und Kloaken den Tod findet.

Im Sommer 1948 rücken Regisseur Carol Reed und sein Stab an, um den Film zu drehen – mit Orson Welles in der Hauptrolle. Nach getaner Arbeit sucht man Zerstreuung in Nachtlokalen wie »Oriental« und »Maxim«. Nur am 18. Oktober wird einmal etwas anderes ausprobiert: einer der kleineren Heurigen in Grinzing (der heute nicht mehr existiert). Seine besondere Attraktion: ein Zitherspieler, der Wienerlieder zum besten gibt. Carol Reed ist vom eigentümlich-eindringlichen Klang des ihm fremden Instruments wie gebannt: Wäre das nicht die ideale Filmmusik für den »Dritten Mann«? Er bestellt den Künstler unter Inaussichtstellung eines großzügigen Extrahonorars für einen der folgenden Tage in sein Hotel.

Anton Karas – so der Name des zweiundvierzigjährigen Werkzeugschlossers aus der Brigittenau, der sich nach Absolvierung der Pollux-Musikschule und Studium der Harmonielehre an der Akademie als vazierender Heurigenunterhalter durchbringt – folgt dem Ruf ins »Astoria«, zu dem Österreicher zu dieser Zeit nur mit Sondergenehmigung Zutritt haben, und trägt den Filmleuten sein Repertoire vor. Stundenlang halten sie ihn fest, lassen ihn improvisieren, lenken ihn in die gewünschte Richtung. Und schließlich, als Karas schon des vielen Spielens müde ist und sich verabschieden will, erklingen auf einmal die Anfangstakte der Harry-Lime-Melodie: dadada dada ...

Vom Fleck weg engagiert, erhält Karas vier Monate Zeit, den »Soundtrack« in allen seinen Variationen zu komponieren und einzustudieren. Am 28. Februar 1949 fliegt er nach London, im Sheperton-Filmstudio wird ihm die Rohfassung des Streifens gezeigt, die Musikaufnahmen können beginnen.

33 Jahre lang auf der ganzen Welt mit dem »Dritten Mann« unterwegs

Der Rest ist Filmgeschichte: Die Premiere im Londoner Odeon Palace wird ein Riesenerfolg, »Der dritte Mann« erhält den Großen Preis von Cannes. Und noch etwas: Der kleine Heurigenmusiker aus der Wiener Vorstadt, der als Achtjähriger beim Kramen auf dem großelterlichen Dachboden eine alte Zither entdeckt und seither – mit Ausnahme der Kriegsjahre als Wehrmachtssoldat – sich nie wieder von seinem Lieblingsinstrument getrennt hat, ist von Stund an ein gemachter Mann: Aus fünf Kontinenten erreichen ihn Einladungen zu Gastspielen, eine Tournee folgt der anderen, vor der Queen tritt er ebenso auf wie vom Papst, auf Luxusschiffen ebenso wie in Kaufhaus- und Restaurantketten, auf Weltausstellungen ebenso wie in den Vergnügungszentren von Las Vegas, Hongkong, Kapstadt und New York. Wenn er 1985 achtundsiebzigjährig stirbt – letzter Auftritt: 1982 als Gast der Fernsehserie »Die liebe Familie« –, kann er auf eine dreiunddreißigjährige Weltkarriere zurückblicken. Englisch wird er zwar auch dann noch nicht sprechen, doch dafür hat er zweitausend Solostücke im Kopf. Und der ersten Zither sind inzwischen weitere gefolgt: alle eigens für ihn angefertigt – zusammen mit dem zerlegbaren Spezialtisch, dessen Schublade zugleich der Instrumentenkoffer ist.

Von den ersten Tantiemen erwirbt Karas in Sievering, in Gehweite von seinem Wohnidyll am Schatzlsteig, einen Baugrund und eröffnet am 1. Oktober 1953 die »Weinschenke zum Dritten Mann«, die in den zwölf Jahren ihres Bestehens vor allem von ausländischen Touristen gestürmt wird. Hält er sich in Wien auf, so greift Karas für die Gäste seines Lokals in die Saiten der Konzertzither, und zum Üben zieht er sich in die Blockhütte hinterm Haus zurück, die er sich mit seinen Freunden gezimmert hat: späte Erfüllung des alten Traums von der eigenen Almhütte, die ihm, der fürs Urlaubmachen keine Zeit findet, sein Leben lang versagt bleibt.

Aber auch, als das Anwesen in der Brechergasse 1 längst den Besitzer gewechselt hat, bleibt er die Nr. 1 von Sievering: Die heutigen Eigentümer der nunmehr zum Wohnhaus umgestalteten Gaststätte haben die Blockhütte mit Karas-Photos ausstaffiert und die mit Filmszenen aus dem »Dritten Mann« dekorierten Wände im einstigen Musiksalon nicht etwa entfernt, sondern »denkmalschützerisch« verhängt. Auch einen Anton-Karas-Platz gibt's mittlerweile an der Sieveringerstraße, die Originalpartitur des Harry-Lime-Themas wird in der Nationalbibliothek aufbewahrt, und eine der Karas-Zithern landet in der staatlichen Sammlung alter Musikinstrumente am Heldenplatz (täglich außer dienstags 10 bis 18 Uhr). Nur jene gewisse vom Herbst 1948, die ihm das große Glück gebracht hat, die nimmt er mit ins Grab: Sieveringer Friedhof, Gruppe 28, Reihe 9, Nr. 9–10.

Die Karas-Blockhütte in der Sieveringer Brechergasse

Bitte nicht stören!

Ob Rechtschreibreform oder Urheberrechtsnovelle – lauter spröde Themen, und beim Fernsehen braucht man Bilder. Womit also unterlegt man den Bericht in »Zeit im Bild 2«? Mit einem Schwenk über Grillparzers Arbeitszimmer. Und wo läßt man das Kameraauge verweilen? Natürlich auf dem berühmten Schreibpult mit dem verstellbaren Hocker – sie brauchen nur abgestaubt zu werden. Auch anderthalb Jahrhunderte nach der Installierung ist alles intakt: der Firnis, der das hellbraune Biedermeiermöbel schützt, der dünne grüne Filz der Schreibplatte, die verschließbare Lade, das breite Ablagefach, die Mulden für Tintenfaß und Sandstreuer, das Korbgeflecht der Sitzfläche, das an der Tapetenwand in Augenhöhe angebrachte Kruzifix. Die Adresse: Wien I., Johannesgasse 6.

Als im Revolutionsjahr 1848 das k. k. Hofkammerarchiv, dem seit sechzehn Jahren Franz Seraph Grillparzer vorsteht, aus dem ehemaligen Kaiserspital im Schatten der Minoritenkirche in den adaptierten Nordtrakt des Mariazellerhofs übersiedelt, wird in einem eigenen Erlaß auch auf die Bedürfnisse der Amtsleitung Bedacht genommen:

»Das Zimmer, das der Direktor sich wählen wird, darf nicht durch Stellagen verkleinert werden, vielmehr sind in selbem nur die seiner besonderen Obhut anvertrauten Urkundenkästen anzubringen.«

Wieso aber diese strenge Separierung vom übrigen Personal, das sich nur in den unteren Etagen tummeln darf? Und wieso muß der vierte Stock »ständig versperrt« bleiben? Damit der Herr Direktor auch während der Dienstzeit ungestört schreiben kann – und nicht etwa nur Einlaufprotokolle und Aktenkonzepte, sondern auch sein Lustspiel »Weh' dem, der lügt«?

Ans Fabulieren in Kanzleiräumen ist Grillparzer seit Jugendtagen gewöhnt. Als der Gymnasiast im Rahmen des Sprachunterrichts ein »deutsches Gedicht« abfassen soll, entledigt er sich seiner Hausaufgabe in Vaters Bureau: Wenzel Grillparzer ist Hofadvokat. Und daran wird sich bis zur Pensionierung des Fünfundsechzigjährigen nichts ändern:

»Ich will die Amtsstunden halten, ich will fleißig sein, aber ich nehme mir zugleich vor, jeden Tag, und zwar gerade im Amtslokale, etwas Poetisches zu arbeiten.«

Keiner seiner Vorgesetzten nimmt daran Anstoß: Ob Graf Stadion oder Freiherr von Kübeck – die Herren Finanzminister genehmigen dem »vaterländischen Dichter« nicht nur alle

Dichten im »Amtslokale«: Franz Grillparzers Schreibpult
im k. k. Hofkammerarchiv

seine üppigen Sonderurlaube, Privatreisen und Kuraufenthalte, sondern drücken auch, was seine »Nebentätigkeit« betrifft, ein Auge zu. Und Grillparzer selber unternimmt nicht das mindeste, seinen »Amtsmißbrauch« zu kaschieren, sondern brüstet sich sogar noch mit seiner Vorzugsstellung:

> »Ich sitze hier unter Faszikeln dicht,
> Ihr glaubt, verdrossen und einsam,
> Und doch – das ahnt ihr nicht,
> Mit den ewigen Göttern gemeinsam.«

Da kann ihm auch der Rüffel jenes Kleingeistes nichts anhaben, der seinem Neid auf den privilegierten Kollegen mit dem grimmigen Vierzeiler Luft macht:

> »Oh weh der Dichterkrone!
> Verträgt sich Bureau und Parnaß?
> Schrieb Sophokles die Elektra,
> Wenn er im Mautamt saß?«

Ja, Grillparzer geht in seinem Übermut noch einen Schritt weiter: Nicht nur, daß er im »Mautamt« dichtet, macht er sich sogar über die Langmut seines Dienstgebers lustig, indem er ins Tagebuch einträgt:
»Um 12 Uhr ins Bureau. Keine Arbeit vorgefunden. Im Thucydides die Rede des Archidamos gelesen.«
Und ein andermal:
»Statt des Kaisers Geschäfte zu besorgen, aus dem Deutschen ins Englische übersetzt.«
Seinen »Widerwillen gegen den Staatsdienst«, den er ungeniert zugibt, vermag Österreichs Paradedramatiker nur aus Gründen der Existenzsicherung zu überwinden. Aber was ist das auch für eine Arbeit, bei der man – so etwa geschehen am

7. April 1832 beim eigenhändigen Ausheben eines dicht unterm Plafond gelagerten Aktes – von dem »beinahe 50 Pfund
schweren Faszikel« aus dem Gleichgewicht gebracht, »mindestens fünf Klafter tief« von der Leiter stürzt? Zum Glück
hat er sich nicht »bedeutend beschädigt«, kann sich also
gleich wieder Wichtigerem zuwenden: dem Dichten.

Immerhin ist Grillparzer gerecht genug, auch seine Untergebenen – zuerst acht Beamte, später nur mehr drei – an der
lockeren Leine zu halten, und als man ihm eines Tages die
Bedienerin »streicht«, das »Weib, welches das Auskehren der
Zimmer, Wassertragen, Füllung der Spucktrüherl mit Sägespänen, Säuberung der Tische zu besorgen, im Winter das
Brennholz aus dem Keller zu tragen und die Öfen zu heizen
hat«, leistet er keinen Widerstand. Hauptsache, er hat seine
Ruhe. Und irgendein dienstbarer Geist, der ihm die grünbraune Amtsuniform in Ordnung hält, das Schreibpult abstaubt und die Schnupftabakspuren beseitigt, wird sich schon
finden.

Dem bewahrenden Charakter des Hofkammerarchivs ist es
zu verdanken, daß die Einrichtung des Grillparzer-Zimmers
über alle Zeitläufte hinweg im Originalzustand erhalten bleibt
– auch während der »Anschlußjahre« nach 1938, als die Aktenbestände des nunmehrigen »Reichsarchivs Wien« in die
Wachau, ins Weinviertel und nach Südmähren ausgelagert
werden. Anläßlich des hundertsten Todestages Anno 1972
wird das komplette Ensemble restauriert und bei freiem Zutritt der Öffentlichkeit zugänglich gemacht (Montag und
Donnerstag 12.30 bis 15.45, Dienstag, Mittwoch und Freitag
8.30 bis 12.30 Uhr).

Ein Schrank voller Uhren

Wie es unter ihresgleichen zu dieser Zeit Usus ist, führt sie eifrig Tagebuch, und auch die laufenden Ausgaben werden penibel festgehalten. Greifen wir den 15. Jänner 1867 heraus: Gräfin Marie Dubsky verehelichte Ebner-Eschenbach, vor vier Monaten sechsunddreißig geworden, den Sommer über auf dem elterlichen Schloß in Mähren, nun wieder im Wiener Winterquartier an der Landstraßer Hauptstraße, macht ihre Besorgungen, erteilt ihre Aufträge, ordnet die Quittungen, zieht Bilanz: Neue Handschuhe hat sie gebraucht, ihre Vorräte an Bleistiften und Seife wären aufzustocken, und was an diesem Tag besonders kräftig zu Buche schlägt, sind die Uhrmacherrechnung und »ein Bouquet für Grillparzer« – vier Gulden das eine, fünf Gulden das andere. Was hat's damit auf sich?

Beginnen wir mit Grillparzer. Nie wird sie dem berühmten Mann vergessen, daß er sie als Kollegin akzeptiert hat – damals vor knapp zwanzig Jahren, als ihre Stiefmutter den teuflischen Einfall hatte, dem Dichter ein paar Talentproben der Anfängerin zur Begutachtung zuzuspielen, in der sicheren Erwartung, der strenge Meister werde das wertlose Geschreibsel zurückweisen und ihr damit ein für allemal ihre Flausen austreiben. Denn in den Augen des Dubskyschen Familienrates gilt es für eine Frau wie sie als ein schwerer Verstoß gegen die Standessitten, sich als Schriftstellerin zu gerieren. Doch die Intrige schlägt fehl: Grillparzer äußert sich überraschend wohlwollend über die ihm vorgelegten Manuskripte, und Marie von Ebner-Eschenbach, solcherart ermutigt, beschreitet den von ihr erträumten Weg.

Seitdem ist der 15. Jänner für sie immer ein besonderes Datum: Grillparzers Geburtstag. Auch diesmal läßt sie dem inzwischen Sechsundsiebzigjährigen einen Blumengruß zustellen.

Und die Uhrmacherrechnung? Marie von Ebner-Eschenbachs größter Schatz ist ihre Sammlung wertvoller alter Taschen- und Anhängeruhren. Das Schubladenschränkchen mit all den kostbaren Meisterstücken aus den besten Werkstätten von Wien und Prag, von Augsburg und Dresden, von London, Paris und Genf ist als Familienerbe in ihre Hände gelangt, nun wird es laufend um interessante neue Aquisitionen ergänzt. Ihre Gehäuse sind aus Silber, Gold oder Email, ihre Verzierungen aus Perlen, Diamanten oder Miniaturmalerei, ihre Werke aus Elfenbein. Da gibt es Damenuhren, die sich diskret hinter Schmuckgegenständen verstecken, andere haben die Gestalt von Blumen, Früchten oder Mandolinen, und im Inventarverzeichnis, das die Gemahlin des k. u. k. Feldmarschall-Leutnants Moritz Freiherr von Ebner-Eschenbach mit der Präzision eines wissenschaftlich geschulten Museumskustoden führt, sind fein säuberlich alle Details von Belang angeführt: Zeit und Ort der Anfertigung, Zeit und Preis des Erwerbs. Gehen ihr bei der Beschreibung eines Gegenstandes die Worte aus, fügt sie in der betreffenden Rubrik eine Skizze von eigener Hand bei.

Ja, das Sammeln seltener Zeitmesser wird der Dichterin mit den Jahren so sehr zur Passion, daß sie sich sogar in der Kunst des Uhrmacherhandwerks unterweisen läßt: Die Samtschatulle mit der filigranen Geräteschaft liegt allzeit bereit, bei eventuell anfallenden Reparaturen erste Hilfe zu leisten. Wen wundert es da, daß Marie von Ebner-Eschenbach noch vor »Krambambuli«, dem »Gemeindekind« und all den anderen Werken, die ihren Ruhm als Dichterin begründen werden, mit einer Prosaarbeit an die Öffentlichkeit tritt, die

301 000 Kronen für Marie von Ebner-Eschenbachs Uhrensammlung

ihrem extravaganten Hobby ein bleibendes Denkmal setzt: dem Roman »Lotti, die Uhrmacherin«?

Dieses Frl. Charlotte Feßler, das die ererbte Uhrenkollektion einem in Not geratenen Mann opfert, der vorzeiten ihrem Herzen nahegestanden ist, ist natürlich niemand anderer als sie selbst, und die »nur an hohen Festtagen« in Betrieb genommenen, dem Schutz der heiligen Jungfrau Maria anempfohlenen Wunderwerke sind in Wahrheit die ihren.

Für den täglichen Gebrauch begnügt sie sich mit einfacheren Modellen; deren »vielstimmigem Konzert« zu lauschen, beginnt sie den Tag:

»Die Repetieruhr, die am Kopfende des Bettes hing, schlug mit zartem Klang sechsmal an. Gleich darauf begann die deutsche Stockuhr von der Kommode aus die Morgenstunde zu verkünden, und kaum hatten ihre Glocken ausgezittert, als auch schon die französische Wanduhr zu melden begann: Sechs!«

Für die beträchtliche Summe von 301 000 Kronen wechselt Marie von Ebner-Eschenbachs Sammlung im Herbst 1917, anderthalb Jahre nach dem Tod der vom Wiener Uhrmacherbund zum Ehrenmitglied ernannten Dichterin, den Besitzer. Die Gemeinde Wien kann den von den Erben geforderten Betrag nur aufbringen, weil der Kanonenfabrikant Skoda und der Konservenhersteller Wetzler als Sponsoren einspringen. Zunächst in provisorischem Gewahrsam des Technischen Museums, bilden die 270 Exponate ab Mai 1921 den Grundstock des frisch eröffneten Uhrenmuseums, das sich über alle drei Etagen einer der ältesten Profanbauten der Inneren Stadt ausbreitet, und dort, im sogenannten »Harfenhaus« Ecke Schulhof/Kurrentgasse, sind sie noch immer vollzählig versammelt – zum Entzücken der Besucher aus aller Welt (täglich außer montags, 9 bis 16 Uhr).

Für S 500.- ein Stückerl Balkon

K losterneuburg-Kierling, Hauptstraße 187, Frühjahr 1983. Einer der Altmieter stirbt, seine Wohnung wird frei. Daß sie kaum 50 Quadratmeter mißt und nur Substandardansprüchen genügt, besagt gar nichts: Für die vor vier Jahren gegründete Österreichische Franz-Kafka-Gesellschaft ist sie von höchstem Wert. Literaturpapst Wolfgang Kraus und Hauptschuldirektor Norbert Winkler, die sich zum Ziel gesetzt haben, im ehemaligen Sanatorium Hoffmann ein Kafka-Forschungszentrum zu installieren, sind nun zumindest mit einem Fuß in dem zwar äußerlich schäbigen, aber durch seine kulturhistorische Aura geheiligten Haus.

Jetzt geht's nur noch darum, zu klären, welches der acht Einzelzimmer dasjenige ist, in dem der Dichter die letzten 46 Tage seines Lebens zugebracht, der knapp Einundvierzigjährige am 3. Juni 1924 für immer seine Augen geschlossen hat. Einfach ist das nicht: Aufzeichnungen existieren keine, auch Zeitzeugen können nicht weiterhelfen. Nur aus Briefstellen und Sonnenstandsanalysen läßt sich's mit einiger Gewißheit rekonstruieren: Es ist das linke Eckzimmer im zweiten Stock – mit Blick auf Garten und Wald.

Von der ursprünglichen Einrichtung hat sich nichts erhalten, und auch die durch wiederholtes Reproduzieren unscharf gewordene Photographie gibt sie nur verschwommen wieder: Bett und Nachtkästchen, Tisch und Sessel, Kommode, Schrank und Chaiselongue.

Als man, wiederum einige Jahre später, darangeht, die denkmalschützerische Sanierung des heruntergekommenen Hauses einzuleiten, entscheidet man sich statt der penibel konservierenden für eine mehr pragmatische Lösung: Der mit den Jahren brüchig gewordene Originalbalkon des Kafka-Zimmers wird abgetragen, die hölzernen Stützen in Scheiben zerlegt, etikettiert und den Besuchern der Gedenkstätte zum Erwerb angeboten – öS 500.- das Stück. Bausteine, deren Erlös der Vervollständigung der Kafka-Bibliothek zufließen soll, die schon jetzt allen Interessierten zur Verfügung steht (telephonische Anmeldung: 0 22 43-2 18 96).

Haarlockenfetischismus, wie er an Orten wie diesem so gern gepflegt wird, hat hier keinen Platz. Wie leicht ließe sich ein Bleistift aus den Zwanzigerjahren auftreiben und als jenes Schreibutensil ausgeben, mit dem der Todkranke seine letzte Arbeit erledigt hat: die Korrektur der Druckbögen seines Erzählbandes »Ein Hungerkünstler«. An Authentizität ist

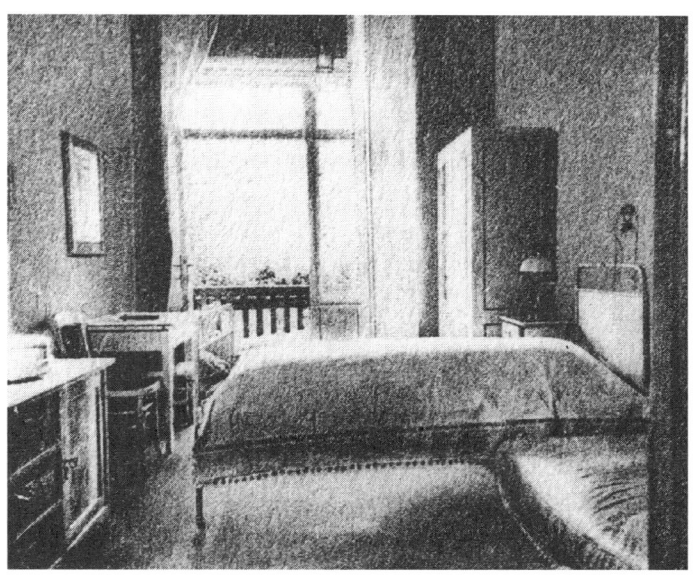

46 Tage Martyrium: Kafkas Sterbezimmer im Sanatorium Hoffmann

gleichwohl kein Mangel: Die Fassade des Gebäudes, behutsam restauriert, ist ganz die alte, und erst recht gilt dies für das Stiegenhaus mit dem in den Steinboden eingelassenen Willkommensgruß »Salve«, den antiquierten Etagen- und Türschildern, den Bassenas und Gang-Toiletten, dem schon vor langer Zeit stillgelegten Personenaufzug. Nur wenige Schritte vom Haus entfernt hält noch immer der Bus der Linie Kolda, die auch Kafka benützt hat – es war der erste Privatautobus im damaligen Österreich. Literaturfreundlich auch das Verhalten der verbliebenen Hausparteien: Für unangemeldete Besucher halten sie ohne Widerrede den Schlüssel der Kafka-Gedenkstätte bereit.

Am 19. April 1924 kommt Franz Kafka in Kierling an – als Todeskandidat wie die meisten Insassen des Privatsanatoriums Dr. Hoffmann. Die Diagnose ist ihm bekannt: Kehlkopftuberkulose, unheilbar. Weder das Sanatorium Wienerwald in Ortmann noch Prof. Hajeks Laryngologische Klinik in der Wiener Lazarettgasse haben den Zustand des Dichters bessern können. Die Behandlung in Kierling – der Ordinationsraum verfügt über nicht viel mehr als eine Hausapotheke – beschränkt sich auf Kampfer-Injektionen, schmerzstillende Pulver, Eisbeutel, Wickel und Inhalieren. Der Patient kann kaum noch schlucken, die Nahrungsaufnahme bereitet ihm Höllenqualen. Gefährtin Dora Diamant, die er sogar zu heiraten erwägt, und der Medizinstudent Robert Klopstock sind zusammen mit Kafka angereist: Er hält die Nachtwache, sie bereitet die Mahlzeiten. Das Personal des mehr einer Pension gleichenden Sanatoriums – zwei Stubenmädchen, ein sogenanntes Extramädel, der Hausdiener, die Köchin und eine Krankenschwester – bekommen den Patienten kaum zu Gesicht: Der auf 45 Kilo Abgemagerte kann nur noch gelegentlich das Bett verlassen. Der Friseurgehilfe, der ins Haus kommt, muß höllisch aufpassen, daß er seinen Klienten nicht

Österreichische Franz Kafka-Gesellschaft
Wien – Klosterneuburg

BAUSTEIN

zum Aufbau
der
Franz Kafka-Sekundärliteraturbibliothek

Durch den Ankauf der Holzscheibe mit der Aufschrift

Franz Kafka Sterbehaus Kierling

unterstützen Sie den Ausbau der Sekundärliteraturbibliothek in Kierling.
Die Holzscheibe stammt vom Balkon des Sanatoriums Hoffmann,
in dem Franz Kafka am 3. Juni 1924 starb.

Im Rahmen der Renovierungsarbeiten mußte der Originalbalkon abgetragen werden. Die
Holzstützen des Originalbalkons wurden zerschnitten und sollen nun mithelfen, im
Sterbehaus Kafkas eine Möglichkeit der Kafka-Forschung zu schaffen.

Für einen Beitrag von

öS 500,–

erhalten Sie dieses Originalstück des Balkons des Sterbehauses Franz Kafkas.

Nach Einzahlen des Betrages auf eines der unten angeführten Konten mit dem Hinweis
Baustein wird Ihnen die Holzscheibe mit einer Urkunde zugesandt.

Bankverbindungen: RAIKA Klosterneuburg, BLZ. 32367, Kto. 7245; E. Österr. Spark. Klbg., BLZ. 20111, Kto. 4172
BRD: DG-Bank München, BLZ. 70160000, Kto. 105735 (in der BRD **DM 70,–**)

Kafka – scheibchenweise

beim Rasieren verletzt, so eingefallen sind dessen Wangen. Mit den Worten »Töten Sie mich, sonst sind Sie ein Mörder!« verlangt Kafka nach der erlösenden Morphiumspritze; Freund Klopstock beläßt es bei Pantopon.

Noch am Vorabend des Sterbetages rafft sich der Dichter zu einem letzten Brief auf – er geht an die Eltern nach Prag, ist ein Widerruf seiner Einwilligung, ihn in Kierling zu besuchen. Jede Ausrede ist ihm recht: Der Vater werde Mühe haben, einen Paß zu bekommen, die Mutter werde sich zu sehr um ihn sorgen, auch könne er mit ihnen nur im Flüsterton sprechen. Man möge es also »lieber bleiben lassen«.

24 Stunden später ist Franz Kafka tot, am 5. Juni wird sein Leichnam im verlöteten Sarg nach Prag überführt.

»Bin heute ausnahmslos
für niemanden zu sprechen!«

Ein Hotelzimmer als Dauerwohnsitz und die »Correspondenzkarte« als Kommunikationsmittel – auch das ist typisch für das Wien des Fin de siècle. Vor allem der ungebundene Künstler, dem weder an Familie noch an sonstigem Besitz gelegen ist, schätzt die Bequemlichkeit des Logiergastes, dem Stubenmädchen und Etagenkellner jegliche Hausarbeit abnehmen. Und die »Carte postale« (übrigens eine österreichische Erfindung!) erspart dem Schreiber aufwendige Berichterstattung. Dafür läßt sich um so spontaner auf momentane Stimmungen reagieren: Gustav Klimt bringt

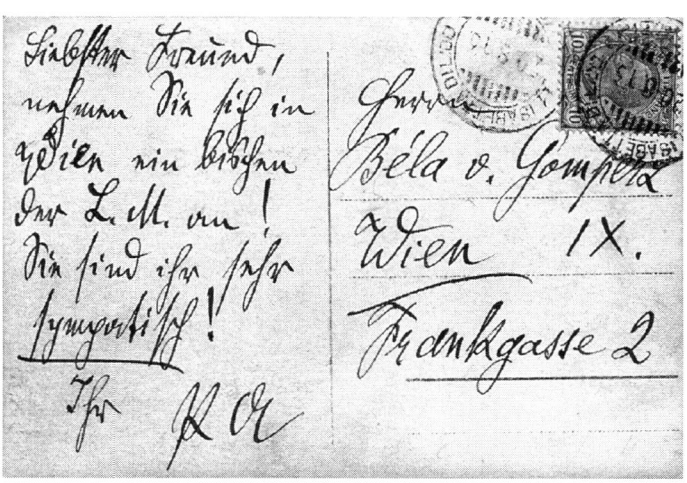

Die Blütezeit der »Correspondenzkarte«: Peter Altenberg schreibt an seinen Freund und Gönner Béla von Gomperz.

es auf bis zu acht Stück pro Tag, wenn er und seine Muse Emilie Flöge örtlich voneinander getrennt sind.

Einer, für dessen Lebensstil diese beiden Errungenschaften wie maßgeschneidert sind, ist der Dichter Peter Altenberg. Mit bürgerlichem Namen Richard Engländer (dem die bittersüße Jugenderinnerung an ein in der Donauufergemeinde Altenberg angehimmeltes Mädchen, das von der Familie »Peter« gerufen wird, sein Künstlerpseudonym zuspielt), bringt der Wiener Fabrikantensohn als Siebenunddreißigjähriger sein erstes Buch heraus: »Wie ich es sehe«. Die impressionistischen Skizzen aus seinem Alltag als Bohemien, Frauenanbeter und Gesundheitsapostel werden ihm später das Prädikat »Reporter der Seele« eintragen.

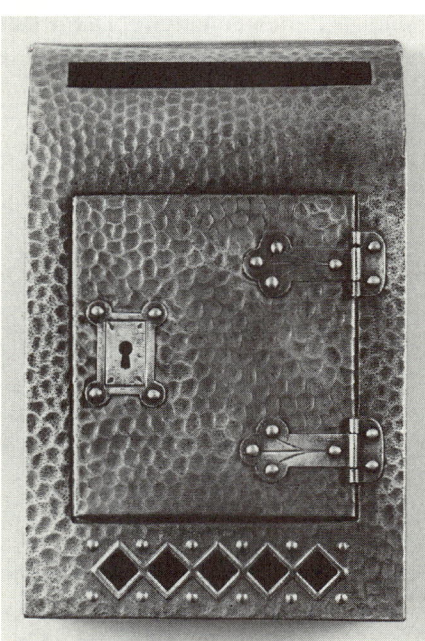

Der erste eigene Briefkasten: Peter Altenberg im Graben-Hotel

Als er mit seiner Kaffeehausrunde – darunter Egon Friedell, Karl Kraus und Adolf Loos – aus dem Griensteidl ins »Central« übersiedelt, gibt P. A. sein neues Stammlokal als Postadresse an. Erst 1913 wird er »seßhaft«: Die Brüder Béla und Paul von Gomperz aus der berühmten Wiener Bankiersdynastie setzen dem mittlerweile Vierundfünfzigjährigen eine monatliche Rente aus, die es ihm ermöglicht, im Graben-Hotel in der Dorotheergasse ein festes Quartier zu beziehen: das einfenstrige Zimmer Nr. 33 unterm Dach.

Hier richtet er sich ein, hier ist bis zu seinem Tod im Jänner 1919 seine Bleibe, und hier hat er auch zum erstenmal in seinem Leben, was zu jedem bürgerlichen Hausstand gehört: einen eigenen Briefkasten. Es ist ein Standardfabrikat ohne alle Besonderheiten: gehämmertes Messingblech Marke Frankonia, man bekommt es in jedem Haushaltswarenladen. Zweimal am Tag wirft das Stubenmädchen die für den Dichter eingelangte Post ein, und an der Türschnalle baumelt in Phasen, wo er partout ungestört bleiben will, ein Pappschild, welches das nachmals in allen Hotels der Welt eingeführte »Do not disturb« vorwegnimmt: »Ich bin heute ausnahmslos für niemanden zu sprechen.«

»Mein Nest« nennt Peter Altenberg das Kabinett im 5. Stock des Graben-Hotels, das mit all dem Krimskrams aus Kleinmöbeln, Erinnerungsphotos, japanischem Nippes und antikisierenden Tonvasen vollgestopft ist: »Halm für Halm zusammengesucht seit zwanzig Jahren«. Und »zusammengeschnorrt von Verehrerinnen«. Man kann es ihm nachfühlen: »Wenn ich denke, wer dieses geliebte Kabinett einmal in Bausch und Bogen erben wird, da freut mich das ganze Sterben nicht.«

Auch seiner Lesergemeinde versucht P. A. seinen Lebensstil schmackhaft zu machen: »Tünche Deine Wände weiß, stelle Dinge hin, die Du liebhaben kannst, so wirst Du reich sein und niemals vereinsamt.«

Das Tischerl neben dem Bett ist so schmächtig, daß er es vorzieht, im Liegen zu schreiben – beim Morgengrauen vorm Einschlafen. Das hoteleigene Briefpapier dient ihm nicht nur zur Erledigung der Korrespondenz, sondern auch als Manuskriptmaterial: Kaum eines seiner »Werke« ist länger als zwei, drei Blatt. Man muß nur aufpassen, daß das Tintenfaß nicht umkippt und die Rohrfeder nicht das Bettzeug ruiniert.

Der Weg zum Postamt ist ihm, seitdem dort ein besonders anmutiges Schalterfräulein amtiert, keine Beschwernis, sondern höchstes Glück. Wie gern würde P. A. der reizenden »Postnovizin«, wenn sie die Marken aufs Kuvert klebt, die Rekommandiercoupons abreißt und die »Rezepisse« ausfertigt, über »die feine weiße Hand« streichen!

Am 55. Geburtstag setzt Peter Altenberg sein Testament auf: Freundin Paula Schweitzer soll, wenn er einmal stirbt, die Universalerbin sein. Aber wie so oft in seinem Leben geht der hochneurotische Schwärmer auch in diesem Fall leer aus: Die Angebetete heiratet einen anderen, übersiedelt nach Innsbruck. Der Nachlaß fällt seiner Schwester Marie Mauthner zu, landet schließlich in der Neuen Galerie in der Grünangergasse, wird dort ausgestellt und bis 1938 sogar in einem eigenen Altenberg-Gedenkraum beisammengehalten, dessen Inventar, NS-Zeit und Krieg überdauernd, 1950 in die Bestände des Historischen Museums der Stadt Wien übergeht.

An die 350 Objekte sind es, unter denen der P. A.-Verehrer, der Kopfpolster und Gesundheitssandale, Spazierstock und Schmuckschatulle, Türschild und Briefkasten »seines« Dichters in Augenschein nehmen will, auswählen kann: Freundliche Helfer bringen ihm das Gewünschte an seinen Platz im Studiensaal (IV., Karlsplatz, Dienstag bis Freitag 9 bis 12, Mittwoch auch 13 bis 16 Uhr).

Wittgensteins Lavoir

Ein Arme-Leute-Waschtisch für das Denkgenie mit der Millionenerbschaft? Unter den Produkten der Ybbsitzer Emailmanufaktur Gebrüder Riess ist es eines der preiswertesten und zugleich praktikabelsten: ein einfaches Gestell aus Rundeisen und Blech, oben die Schüssel, unten der Krug. Das Wasser kommt aus dem Brunnen hinterm Haus. Der Raum, in dem es steht: eine Kammer von drei mal vier Metern, weiß gekalkt die Wände, die Glühbirne am Plafond: nackt, ohne Schirm. Sonstiges Mobiliar: Kasten und Sessel, unterm Bett das porzellanene Nachtgeschirr, neben der Tür das gußeiserne Öfchen. An den Fußbodenbrettern noch Spuren vom Holzhacken: Auch bei der Bereitstellung des Heizmaterials ist der Logiergast sein eigener Domestik. Die Steingutflasche, mit der er sich beim Bauern die Milch holt; zwei Mauerklammern und eine leere Schuhwichsdose hat er zu einem primitiven Kochgestell zusammengefügt. Die Adresse: Trattenbach am Wechsel, Haus Nr. 82, Niederösterreich.

Szenenwechsel: Im »Palais Wittgenstein«, wie die Leute das Elternhaus unseres Protagonisten in der Wiener Alleegasse (der heutigen Argentinierstraße) ehrfurchtsvoll nennen, ist alles vom Feinsten. Vater Carl, Nr. 1 der k. u. k. Schwerindustrie, führt ein großes Haus: Johannes Brahms, Gustav Mahler und Pablo Casals gehen darin ebenso ein und aus wie Rudolf von Alt oder Gustav Klimt. Die Wittgensteins sind für Österreich, was die Krupps für Deutschland und die Carnegies für Amerika sind.

Doch Ludwig, das jüngste der acht Kinder des Wiener »Stahlbarons«, interessiert dies alles herzlich wenig: »Ich will bei kärglichem Lohn anständige Arbeit verrichten und dann einmal als anständiger Mensch sterben.«

September 1919. Der dreißigjährige Ludwig Wittgenstein faßt den spektakulären Entschluß, Volksschullehrer zu werden. Das gigantische Vermögen, das ihm nach dem Tod des Vaters zugefallen ist, hat er unter bedürftigen Künstlern wie Trakl, Rilke, Kokoschka und Loos aufgeteilt, der Rest geht an seine Geschwister. Während eines Heimaturlaubs kurz vor Kriegsende hat der mehrfach ausgezeichnete Reserveleutnant die Niederschrift seines opus magnum abgeschlossen: des »Tractatus logico-philosophicus«. Jetzt meldet er sich in der Lehrerbildungsanstalt in der Kundmanngasse an.

Nur ein Jahr, und er ist mit dem Studium fertig. Ehe es mit dem Unterrichten losgeht, verdingt er sich für zwei Monate als Gärtnergehilfe im Stift Klosterneuburg, dann ist das »Pflichtjahr« im Schuldienst fällig. Aus dem Wallfahrtsort Maria Schutz am Semmering, dem er zugeteilt wird, verabschiedet er sich noch gleichen Tags: Ein Park mit Springbrunnen – nein, das ist ihm viel zu mondän: »Ich wünsche gänzlich ländliche Verhältnisse.« Ob da vielleicht Trattenbach das Richtige wäre? Auch dort ist eine Stelle frei. Wittgenstein packt seine sieben Sachen und tritt den Zwei-Stunden-Fußmarsch ins hintere Feistritztal an; das Dorf besteht aus einem winzigen Ortskern und einer Reihe weitverstreuter Bauernhöfe.

Im Gasthaus zum Braunen Hirschen findet er die Unterkunft, die seinen Vorstellungen vom ostentativ bedürfnislosen Leben entspricht. Die Fremdenzimmer sind im Nebenhaus, Ludwig Wittgenstein bezieht die Nr. 2, eine schmale Holzstiege führt in den ersten Stock. Beim Wirt sitzt er am Mittagstisch, das Nachtmahl – eine Kante Brot und eine Kanne Kakao – bereitet er sich selbst zu. Wenn Besuch aus der Stadt kommt, aus Wien, steht Bauernmost bereit, im Zahnputzglas kredenzt. Mönchisch auch sein Outfit: graue Flanellhose und offenes Hemd.

Glückseligkeit will sich gleichwohl nicht einstellen: Die biederen Landkinder fühlen sich von den ehrgeizigen Lehrzielen des neuen Schulmeisters, von seiner Strenge, seiner Ungeduld und seiner Neigung zu zügelloser Disziplinierung überfordert, ihren Eltern bleibt der »Spinnerte« ein Fremdling, es hagelt Beschwerden, irgendwann auch eine Anzeige. Da hilft es wenig, daß er seine Zöglinge sogar zum Experimentieren an der Töpferscheibe und am Mikroskop anhält, daß er mit ihnen eine Dampfmaschine baut, Feldhasen seziert, den Sternenhimmel betrachtet, sie zu botanischen

*Der Millionärssohn im
Arme-Leute-Kammerl:
Ludwig Wittgenstein als
Volksschullehrer in
Trattenbach*

Wanderungen mitnimmt und zu Museumsbesuchen nach Wien. Den Fleißigen steckt er Leckerbissen wie Orangen zu, den Ärmeren frisches Schuhwerk.

Doch der Stammtischlärm und das rohe Spektakel der Tanzbelustigungen verleiden ihm das Quartier beim Dorfwirt: Nach nur vier Monaten wechselt Wittgenstein in die Küche der Lehrerwohnung, schließlich in eine Schlafkammer beim Greißler.

Inzwischen hat er sich auch mit seinen Kollegen angelegt: Haßbach, Puchberg und Otterthal sind die nächsten Stationen – erstaunlich genug, daß es am Ende dennoch volle sechs Jahre sein werden, die das Wiener Genie, dem in späteren Jahren Philosophie und Sprachwissenschaft entscheidende Impulse zu verdanken haben werden, als Dorfschullehrer durchhält.

Nicht Verehrung, nicht Prominentenkult ist es, daß seine erste »Dienstwohnung« bis zum heutigen Tag unangetastet bleibt und somit den Wittgenstein-Pilgern aus aller Welt als Gedenkstätte offensteht: Im ärmlichen »Braunen Hirschen«, inzwischen vollends aufgelassen und seinem Abbruch entgegendämmernd, ist an Renovierung nicht zu denken, und so ist das Mobiliar noch immer das von damals, noch immer das originale. Beim Schabauer, dem Wirt vis-à-vis, und im Gemeindeamt (Tel. 0 26 41-82 20) kann der Besucher um den Schlüssel bitten.

… und zur Hochzeit einen Schreibtisch!

M ag sein, daß der Typus Künstler, der sich in den Dingen des praktischen Alltags ganz auf die Tatkraft seiner Gefährtin verläßt, im Aussterben ist: Auch von ihm wird in der emanzipierten Welt von heute erwartet, daß er weiß, wie man einen Nagel einschlägt, wie man Spaghetti kocht und wie man den PC anwirft.

Bis zur Mitte des Jahrhunderts war das anders: Der Dichter hatte weltfremd zu sein, ungeschickt (und wohl auch bequem). Ihm ohne viele Worte aus dem Weg zu räumen, was ihn bei seinen geistigen Höhenflügen behindern mochte, war Sache seiner Frau. Verfügte man überhaupt über ein eigenes Auto, so war sie es, die am Steuer saß. Maria von Doderer arbeitete nach 1945 in einem Bettwarengeschäft, um das Schwarzmarktgeld für die Stimulantien ihres Mannes – vom Lavendelextrakt bis zum Pfeifentabak – aufzubringen; Thomas Manns Katia rannte in jungen Jahren von Buchhandlung zu Buchhandlung, damit seine Erstlinge die besten Plätze in den Auslagen erhielten; und die resolute Eleni Kazantzakis pilgerte gar mit Einkaufstaschen voller Bücher von Haus zu Haus, um den lesefaulen Griechen »Alexis Sorbas« aufzuschwatzen.

Und Hedwig Weinheber? Sie sorgte dafür, daß der Dichter an ihrer Seite endlich zu seinem ersten eigenen Schreibtisch kam …

Im Hyrtl'schen Waisenhaus zu Mödling wächst er auf, das erste Geld verdient er sich mit Schwerstarbeit in einem Brauhof, dann holt ihn die Tante in Wien in ihre Fleischhauerei. Mit neun verliert er den Vater, mit zwölf die Mutter; als »vierter Sohn« findet Weinheber Aufnahme in der Familie eines Schulfreundes: Marianne Grill, Lehrerwitwe, Bibliothekarin im Ottakringer Volksbildungshaus und nebenbei Näherin, macht für den inzwischen Achtzehnjährigen im Hinterhaus der Hasnerstraße 134 ein Kabinett frei. Ihr wird er denn auch 1920 sein erstes Buch widmen: die Verssammlung »Der einsame Mensch«.

Geschrieben hat er's allerdings woanders: In seiner Wohnkammer gibt's nur Kasten und Bett. Der Schreibtisch – der steht in seinem Büro. 1910 hat Weinheber die Postoffiziantenprüfung abgelegt, jetzt arbeitet er in Ämtern am Westbahnhof, in der Mondscheingasse, in der Hellgasse, schließ-

Sie bringt sämtliches Mobiliar in die Ehe mit: Hedwig Krebs

lich – bis zur vorzeitigen freiwilligen Pensionierung wegen
Personalabbaues im öffentlichen Dienst Anno 1932 – in der
Post- und Telegraphendirektion, Hetzgasse 2. Seine Tätig-
keitsbereiche wechseln: Störungsamt, Telephonbuchredak-
tion, Technischer Dienst. Und nebenbei dichtet er – während
der Dienststunden, auf »Amtspapier« und von verständnis-
vollen Kolleginnen »gedeckt«.
Eine von ihnen, sieben Jahre älter als er, nimmt sich seiner
besonders an: Hedwig Krebs ist die Tochter des Hauptpost-
amtsvorstehers Oberst, hat ursprünglich an der Kunstgewerbeschule studiert, arbeitet, seit 1923 verwitwet, als Konzept-
beamtin in der Telegraphendirektion und teilt mit Weinheber

Josef Weinheber in seiner
»Werkstatt« am
Rudolf-von Alt-Platz

das Büro. Sie sitzen Rücken an Rücken: Zum Dienstlichen tritt bald auch Anteilnahme am schriftstellerischen Werden des jungen Kollegen, aus spontaner Sympathie wird Liebe, am 2. September 1927 wird geheiratet, der Fünfunddreißigjährige übersiedelt aus dem kargen Ottakringer Quartier bei »Mutter Grill« in die bürgerlich-komfortable Wohnung seiner Frau am Rudolf-von-Alt-Platz 5.

Endlich ein eigenes Arbeitszimmer, endlich ein eigener Schreibtisch! Dazu Bücherschrank und Vertiko, Ablagetisch und Konsole – das Ganze aus tiefschwarz gebeizter Eiche und, dem Zeitgeschmack entsprechend, im sogenannten Heimatstil. Keine Prunkmöbel, dafür ein geschlossenes Ensemble – genau jenes solid-beständige Ambiente, in dem nun Zug um Zug Weinhebers lyrisches Œuvre gedeiht: »Adel und Untergang«, »Kammermusik«, »Wien wörtlich«. Auch als 1936, aus den Mitteln des soeben empfangenen Mozart-Preises finanziert, die Wiener Stadtwohnung um ein Landhaus im niederösterreichischen Kirchstetten ergänzt wird, bleibt die »Werkstatt« im 3. Bezirk weiter in Gebrauch, und wer sie heute, fünfundfünfzig Jahre nach Weinhebers Tod, persönlich in Augenschein nehmen will, muß dazu nur das Bezirksmuseum Landstraße aufsuchen, wo sie, einen kompletten Ausstellungsraum füllend, ihren endgültigen Platz gefunden hat (III., Sechskrügelgasse 11, mittwochs 16 bis 18, sonntags 10 bis 12 Uhr).

Hedwig Weinheber, den Dichter dreizehn Jahre überlebend, betreut nach dem Selbstmord des tief ins NS-System Verstrickten nicht nur dessen schriftstellerischen Nachlaß, wirkt an der Edition der Gesamtausgabe mit und gründet 1956 die Weinheber-Gesellschaft, sondern hält auch das (von ihr selbst beigesteuerte) Originalmobiliar zusammen. Daß sie überdies – wohl allzu großzügig – über sein privates Doppelleben (1937 nimmt Weinheber eine Beziehung auf, aus der vier Jahre später ein Kind hervorgeht) hinwegsieht und so manches an seiner Biographie »schönt«, fügt sich konsequent ins Bild dieser bis zur Sturheit zähen Frau, die noch mit Siebzig den Führerschein macht und mitten aus ihrer Altersbetriebsamkeit heraus abberufen wird: Herzschlag am Lenkrad ihres Wagens …

Geheimnisvoller Doppelgänger

Die Sowjets stehen vor Wien, am 3. April 1945 erreichen die Truppen der Roten Armee Baden. Unter den vielen Hunderten Häusern der Kurstadt, die sie beschlagnahmen, ist auch der ehemalige Weinhauerbesitz in der Christalniggasse 3, den Hofrat D., Spitzenbeamter in der Wiener Finanzlandesdirektion, mit seiner Familie bewohnt. Die Familie D. hat Glück: Der Hausherr, als Reserveoffizier im Ersten Weltkrieg einem ruthenischen k. u. k. Regiment zugeteilt, kann sich mit den »Gästen« verständigen und ihnen das Zugeständnis abringen, für sich und die Seinen wenigstens das Salettl im rückwärtigen Teil des Gartens behalten zu dürfen.

Im Haupthaus residiert von nun an die Generalität: Baden ist Sitz der Kommandantur der sowjetrussischen Besatzungsmacht. Damit es zu keinerlei Fraternisierung mit den Einheimischen kommt, werden die einzelnen Stäbe in raschem Rhythmus ausgewechselt.

Winter 1945/46, ein neuer Kulturoffizier tritt seinen Dienst an. Alle paar Tage erscheint der im Majorsrang stehende Mittfünfziger bei seinem Vorgesetzten im Hause D. zum Rapport, und da er nicht immer sofort vom Adjutanten vorgelassen wird, vertreibt er sich die Wartezeit mit intensivem Schmökern im Wohnzimmer-Bücherschrank. Es dauert nicht lange, da rückt er mit seinem Begehren heraus: Ob er sich wohl gelegentlich einiges davon ausborgen dürfte? Pepi, dem Sohn des Hauses, siebzehn zu dieser Zeit und Schüler am Gymnasium in der Biondekgasse, macht es Freude, den Fremden zu »bedienen«: Einmal verlangt er nach Goethe, ein andermal nach Kleist, besonders häufig nach Rilke (der komplett vorhanden ist).

Doch wieso dieses ungewöhnlich höfliche Auftreten? Als Besatzungsoffizier könnte er doch, ohne viel zu fragen, konfiszieren, was er will. Statt dessen kritzelt er auf einen vorbereiteten Zettel Buchtitel und Ausleihdatum und versieht das Ganze mit seiner Paraphe. Ist er persönlich verhindert, so bittet er, das Gewünschte für ihn zu hinterlegen: beim Wachposten seiner Dienststelle im Sauerhof. Dann aber, von einem bestimmten Tag an, bleibt der geheimnisvolle Fremde mit den weltmännischen Manieren und den perfekten Deutschkenntnissen aus: Ein anderer ist an seine Stelle getreten.

Es vergehen über zwölf Jahre. Frau D. sieht sich in einer der Badener Buchhandlungen nach Neuerscheinungen um. Da kommt ihr ein dickleibiger Roman in die Hand, der gerade in aller Munde ist: »Doktor Schiwago«. Sein Autor macht seit Wochen Schlagzeilen in der Weltpresse: Um nicht politischer Verfolgung in seiner Heimat ausgesetzt zu sein, muß er auf den ihm zuerkannten Nobelpreis verzichten. Als Frau D. einen Blick auf das Porträtphoto am Buchumschlag wirft, trifft es sie

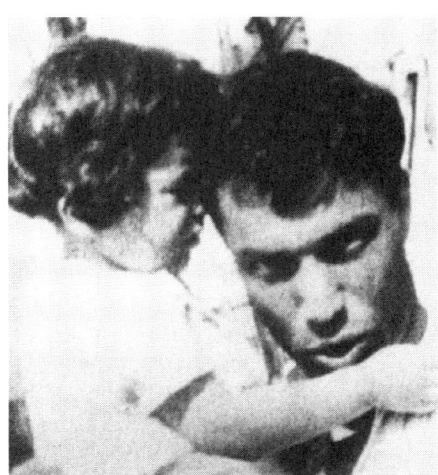

Boris Pasternak und Jewgenij, der ältere der beiden Söhne

wie ein Donnerschlag: Das ist ja unser Bücherwurm von 1946!
Wie ein Lauffeuer geht die Nachricht von Haus zu Haus: Boris Pasternak, der, 1890 geboren, einer Moskauer Künstlerfamilie entstammt, in Deutschland studiert hat, mit vierundzwanzig erste schriftstellerische Erfolge eingeheimst, bald aber – seiner »unpolitischen« Haltung wegen – vom sowjetischen Autorenverband Prügel bezogen und sich daraufhin fast nur noch als Übersetzer (unter anderem seines Freundes Rainer Maria Rilke) betätigt hat, war nach dem »Vaterländischen Krieg« einige Monate als Kulturoffizier in Baden stationiert! Und jetzt erinnern sich auch die anderen an den damals namenlosen, nun aber weltberühmten Mann:

– die Nachbarn aus der Habsburgerstraße 90, jenem Trakt der noch von der Deutschen Wehrmacht errichteten Wohnsiedlung nahe der Martinek-Kaserne, wo er logierte;

– der ehemalige Oberkellner aus dem »Stadtkrug« im Souterrain des Schratt-Geburtshauses, der ihn oft und oft bediente und Zeuge jener echt russischen Szene wurde, da Pasternak einer von ihm besonders verehrten Schauspielerin des Badener Stadttheaters ein Parfumflacon zum Geschenk machen wollte, sich dabei dessen Verschluß öffnete, ein Spritzer des Inhalts in die Augen der Künstlerin geriet, diese vor Schmerz aufschrie und der Spender daraufhin nicht etwa bloß um Verzeihung bat, sondern sich zur Buße spontan einige Tropfen der höllisch brennenden Flüssigkeit in die eigenen Augen träufelte;

– der Gastwirt, der zu Tode erschrak, als Pasternak auf dem frischgeölten Boden des Lokals ausglitt, sich beim Sturz den Ballonmantel, den er über der Uniform trug, ruinierte und die Umstehenden mit der Versicherung beruhigte, er habe das uralte Stück ohnedies schon lange wegwerfen wollen;

– und der Schauspieler, der in einem der von der Besatzungsbehörde vorgeschriebenen Stücke einen jungen Russen zu spielen hatte, nach der Vorstellung mit dem unter den Zuschauern weilenden Kulturoffizier ins Gespräch kam (»Sehr brav, aber von russischer Seele hast du keine Ahnung!«), seinen Gönner zu Weihnachten in die Badener Pfarrkirche geleitete, um ihm die dort ausgestellte Krippe zu zeigen, und dabei dessen tiefe Ergriffenheit wahrnahm, als sich der vom Kerzenschimmer angestrahlte Bethlehem-Stern in einem der roten Sterne der Sowjetuniform spiegelte …

Wohl am lebhaftesten aber haben sich die Erinnerungen an den nachmals berühmten Gast in jenem Haus in der Christalniggasse erhalten, wo der Gymnasiast (und heutige Pensionist) Josef D. vor über fünfzig Jahren für den Dichter aus Rußland »Bibliothekar« gespielt hat. Wen wundert es da, daß der inzwischen ausrangierte Bücherschrank noch immer nicht zu Brennholz zerhackt worden ist, sondern im Ausgedinge des Hobbyraums seinen festen Ehrenplatz innehat?

Doch leider – als in den neunziger Jahren ein neuer Anlauf unternommen wird, das Thema »Boris Pasternak und Österreich« einer exakten Überprüfung zu unterziehen, und zu diesem Zweck auch Jewgenij Pasternak, der Sohn und Nachlaßverwalter des Dichters, befragt wird, stellt sich zum allgemeinen Bedauern heraus: Die Badener sind einem Doppelgänger aufgesessen. Der geheimnisumwitterte Gast von 1945/46 ist nicht Boris Pasternak gewesen, sondern ein diesem in Auftreten, Erscheinung und Interessen verblüffend ähnelnder Landsmann von heute nicht mehr zu klärender Identität. Das »Original«, niemals der »Roten Armee« angehörig (und dafür 1945/46 auch längst viel zu alt), ist zu der betreffenden Zeit nachweislich in seiner Datscha in Peredelkino am Stadtrand von Moskau gesessen, um die Anfangskapitel des »Doktor Schiwago« zu Papier zu bringen.

Die Badener Ortschronik, die sich vorschnell mit dem großen Namen geschmückt hat, wird also leider umgeschrieben, das im heutigen Grandhotel Sauerhof zum Boris-Pasternak-Gedenkraum deklarierte Zimmer Nr. 101 leider umbenannt werden müssen ...

Torberg und der Tschibuk-Türke

In der elterlichen Handschuhfabrik in Prag stellt er sich so ungeschickt an, daß ihn sein verzweifelter Vater in eine Hamburger Export-Import-Firma steckt. Doch auch die kaufmännische Lehre interessiert den Zwanzigjährigen nicht im mindesten: Franz Werfel zieht es vor, zu dichten. Von Karl Kraus ermuntert, der in der »Fackel« erste Arbeitsproben des Debütanten abdruckt, ist er nun auf der Suche nach einem Verlag. Ernst Rowohlt in Leipzig lehnt dankend ab, Axel Juncker in Berlin greift nach anfänglichem Zögern zu: Der Gedichtband »Der Weltfreund« macht den mittlerweile wieder nach Prag Heimgekehrten, der als Einjährig-Freiwilliger auf dem Hradschin seinen Militärdienst ableistet, mit einem Schlag bekannt. Binnen weniger Wochen sind die viertausend Stück der Erstauflage verkauft, mehrmals muß nachgedruckt werden. Die Kritik feiert den jungen Werfel als einen »Wirbelwind«, der ein »neues Lebensgefühl« in die deutsche Literatur einführe, eine bislang »unbekannte Innigkeit«.

»Nächtliche Kahnfahrt« heißt einer der Verse; die Anfangszeile »Tschibuk-Türke überm Ladenschild« wird fast so etwas wie ein geflügeltes Wort. Es ist ein Hymnus auf jenen bärtigen Greis mit Dschellabah und Turban, der, auf seinem Lager aus Kissen, Kiste und Teppich ruhend, per Boot über den Fluß gleitet und dabei seine lange Tabakspfeife schmaucht. Das ovale Bild mit dem habsburgischen Doppeladler – Ölfarbe auf Stahlblech – ist nicht nur jedem Raucher vertraut: In allen Trafiken der Monarchie hängt es über dem Eingang. Für Werfel spiegelt sich in der seit Kindertagen geliebten Gestalt ein Stück Ewigkeit; er dichtet:

Mit dem Nacht- und Wassergang im Bund
grüßt dein pfiffig zugespitzter Mund.

Szenenwechsel: Los Angeles, 1941. Der Emigrant Franz
Werfel, seit kurzem in Kalifornien ansässig, trifft mit seinem
Schicksalsgenossen Friedrich Torberg zusammen. Der inzwischen Fünfzigjährige und sein achtzehn Jahre jüngerer Kollege kennen einander flüchtig aus dem Wiener Literatencafé
Herrenhof; nun, in der Fremde, werden sie Freunde. Auch
Torberg liebt Werfels Tschibuk-Gedicht – und nicht nur, weil
er Raucher ist wie er: Was dem einen die selbstgedrehte Zigarette, ist dem anderen die schwere Havanna. Noch im Jahr
vor seinem Tod wird Torberg zu seinem Laster stehen; in dem
posthum erscheinenden Sammelband »Auch Nichtraucher
müssen sterben« lesen wir: »Ich für meine Person muß, um
leben zu können, schreiben, und um schreiben zu können,
muß ich rauchen und schwarzen Kaffee trinken. Vom Gesundleben allein kann ich nicht leben.«
Als er sich dem Sechziger nähert (Torberg ist inzwischen lange wieder in Wien) und die ersten physischen Unzukömmlichkeiten auftreten, legen ihm seine Ärzte nahe, von der Zigarette auf die Pfeife umzusteigen. Grämlich befolgt er ihren
Rat, nuckelt freudlos an seiner Dunhill. Zudem bringt er Gattin Marietta, die ihm die tägliche Wäsche besorgt, zur Verzweiflung: Gewohnt, bei offenem Auto am Steuer zu sitzen,
ruiniert sich Torberg alle seine Hemden, weil durch den Fahrtwind laufend Funken aus dem Pfeifenkopf überspringen.
In dieser mißlichen Situation entdeckt Marietta Torberg beim
Stöbern in einem Trödlerladen in der Himmelpfortgasse ein
Exemplar jenes alten Trafikschildes, das vor mehr als einem
halben Jahrhundert Franz Werfel zu seinem Gedicht vom
Tschibuk-Türken angeregt hat. Sie erwirbt es für 500 Schilling, packt es in den Wagen und bringt es ihrem Mann in sei-

*Friedrich Torberg neben dem Trafikschild mit dem Tschibuk-Türken,
das Franz Werfel zu seinem Gedicht »Nächtliche Kahnfahrt« angeregt hat.*

nen Bungalow nach Breitenfurt – in der Hoffnung, ihm mit dem ebenso stimmungsvollen wie erinnerungsträchtigen Stimulans die Abkehr von der Zigarette und die Hinwendung zur »gesünderen« Pfeife zu erleichtern. Zuvor aber ist noch eine kleine »Reparatur« vorzunehmen: Ein übereifriger Republikaner hat das »k. k.« im Schriftzug des noch aus der Kaiserzeit stammenden Firmenzeichens demonstrativ übermalt. Wie kriegt man das weg? Freund Wolfgang Hutter, um fachmännischen Rat ersucht, scherzt: »Hast du's schon mit Spukke versucht?« Und er behält recht: Die Verschandelung läßt sich leicht mit Wasser beseitigen, das Bild ist im Handumdrehen im gewünschten Urzustand.

Jetzt fehlt nur noch eines: die gute alte Türkenpfeife mit dem überlangen Rohr. Doch auch die findet sich: Ein mitfühlender Freund spendiert dem Dichter ein besonders schönes Exemplar; Torbergs Seelenfriede ist wiederhergestellt.

Und besagtes Trafikschild, dem all dies zu verdanken ist? Es hat selbstverständlich überlebt, nimmt in Marietta Torbergs Witwensitz im 3. Bezirk einen Ehrenplatz ein – gemäß Franz Werfels Vers:

> Kind, vernimm zu nächtlichem Geleit:
> Ewig sind wir. Wahn ist alle Zeit!

Zwei schäbige Stockerln im Kellergewölb

Erinnern Sie sich noch an den »Herrn Karl«? Vor allem der älteren Generation, die »das alles« selbst miterlebt hat, geht das Porträt des scheinbar gemütvollen, in Wahrheit abgefeimten Wiener Kleinbürgers, der bedenkenlos seine Vorteile aus dem NS-Regime zieht, unter die Haut. Für Helmut Qualtinger die Rolle seines Lebens, für unzählige Betroffene, die an diesem 15. November 1961 vor dem Fernseher sitzen, ein Alptraum. Eine heftige Protestwelle überzieht das Land; Theaterkritiker Hans Weigel resümiert: »Der ›Herr Karl‹ will einem bestimmten Typus auf die Zehen treten, und ein ganzes Volk schreit Au.«

Noch im selben Monat wechselt Qualtinger von seinem Platz vor der Kamera auf die Bühne: Das Kleine Theater der Josefstadt im Konzerthaus ist allabendlich ausverkauft. Auch andere Schauspieler versuchen sich an der Paraderolle des Geschäftsdieners, der an seinem Arbeitsplatz, dem Kellermagazin eines Delikatessenladens in der Inneren Stadt, einem imaginären Gegenüber seine abstoßende Vita referiert.

Das Nachrichtenmagazin »Der Spiegel« geht, als das ZDF im März 1962 den »Herrn Karl« nachspielt, als erstes der Frage nach, ob der Prototyp ein aus zeitgeschichtlichem Allgemeinwissen zusammengefügtes Kunstprodukt ist oder aber auf einem leibhaftigen Urbild basiert. Und siehe da, die Recherchen der Hamburger Reporter fördern Erstaunliches zutage (nachzulesen auch in den Anmerkungen des ersten Bandes der von Traugott Krischke im Deuticke-Verlag herausgegebenen Qualtinger-Edition): Der »Herr Karl« hat tatsächlich gelebt! Sein richtiger Name: Max ...

Es ist die Glanzzeit des Wiener Nachkriegskabaretts an der Schwelle der fünfziger zu den sechziger Jahren: »Brettl vorm Kopf« und »Glasl vorm Aug« heißen die Erfolgsprogramme des Neuen Theaters am Kärntnertor; Gerhard Bronner, Peter Wehle, Helmut Qualtinger und der um einiges ältere Carl Merz sind die Stützen des Ensembles. August 1961: Gerade ist das »Dachl überm Kopf« ausgelaufen, man geht in die Theaterferien. Einer der jüngeren Mitwirkenden, der Schauspieler Nikolaus Haenel, hat noch eine kleine Rolle am Volkstheater, dann ist er – bis zu seinem Engagement an einer Schweizer Bühne – für ein Vierteljahr arbeitslos. In der von einer Baronin Gerhardus betriebenen Delikatessenhandlung Ecke Führichgasse/Tegethoffstraße, wo Haenel, der knapp

Helmut Qualtinger in der Rolle seines Lebens: »Der Herr Karl« (1961)

dreiunddreißigjährige Qualtinger sowie eine Handvoll Musiker und Presseleute regelmäßig zu einem Steh-Achterl zusammentreffen, ist eine Stelle frei, und Haenel greift zu: Er klettert die Wendeltreppe zum Kellermagazin des Ladens (zu dem im Obergeschoß auch noch eine Nippesboutique gehört) hinunter und kümmert sich um den Lagerbestand, füllt die Regale nach, schreibt die Bestellzettel, übernimmt die Hauszustellung, wischt den Boden auf, ist Mädchen für alles.

„Top", Wein- u. Liqueurhandlung u. Boutique Elisabeth Gerhardus, I, Führichgasse 6   52 23 34

Bevor die drei Monate um sind, schult er rasch noch seinen Nachfolger ein. Doch der – Max mit Vornamen, von Haenel als »mageres Männchen mit graumeliertem Schnauzbart, Glatzenansatz und Nickelbrille« beschrieben – erweist sich als wenig arbeitswillig. Weit mehr Geschmack findet er daran, dem scheidenden Kollegen seine Lebensbeichte aufzudrängen, und er tut es auf seine Weise: anschaulich-theatralisch. Begnügt sich also nicht mit bloßem Erzählen, sondern spielt ihm Szene für Szene seine Vergangenheit vor. Die beiden schäbigen alten Stockerln, die im Souterrain des Ladens herumstehen, dienen ihm dabei als Requisiten: Einmal stellen sie Waschtisch und Bett seiner Wohnung dar, ein andermal die Schilderhäuschen des Wachpostens während seiner Militärzeit in Norwegen.

Ob er will oder nicht – Haenel muß sich die Tiraden des »Herrn Max« anhören, der sich seiner einstigen Verdienste als Katzenvertilger in einem Wiener Tierasyl, vor allem aber seiner »großen« Zeit als kleiner Parteigenosse rühmt. Und da er von seiner Zusammenarbeit mit Qualtinger her weiß, daß der seit längerem auf der Suche nach solch einem »Zeitzeugen« ist, weiht Haenel den Kollegen brühwarm ein. Bei mehreren Treffs im Restaurant »Halali« auf dem Neuen Markt füttert er ihn mit Details von den makabren »Vorstellungen« im Kellermagazin, und Qualtinger seinerseits gibt das »Material« an den Kollegen Carl Merz weiter, der es ohne Verzug (übrigens an derselben Adresse Führichgasse 6 wohnend, drei Etagen über dem Ladenlokal!) in die Schreibmaschine tippt. Nur den Namen des »Helden« ändert er: Aus dem Herrn Max wird ein Herr Karl. Eine der markantesten Figuren der österreichischen Nachkriegsdramatik ist geboren ...

Der Rest ist Schweigen. Niemand weiß heute mehr, wie der originale Herr Karl mit Familiennamen geheißen, ob er sich selber sein literarisches Konterfei an jenem denkwürdigen November-Abend 1961, vor dem Fernsehschirm sitzend, zu Gemüte geführt, wie er es verkraftet und ob es ihn womöglich gar nachdenklich gestimmt hat. Mit seinem Hinauswurf aus der Firma »Top«, wegen eines Spirituosendiebstahls wenige Wochen nach Dienstantritt fristlos entlassen, verliert sich seine Spur. Und auch am Originalschauplatz des »Herrn Karl« erinnert heute nichts mehr an jene düstere Episode von vor neununddreißig Jahren: Das Geschäft wechselt den Besitzer, das Lokal wird umgebaut, die »Bühnenrequisiten« des Herrn Max, die beiden alten Stockerln aus dem Kellermagazin, landen im Entrümpelungsgut.

Allerhöchste Aufmerksamkeit

Alfred Polgar nennt es in kühlem Understatement »ein interessantes Haus« und widmet ihm unter dem lakonischen Titel »Wien I., Stallburggasse 2« ein eigenes Feuilleton. Bis zur Emigration im März 1938 selber in einer der Mansardenwohnungen des »Bräunerhofs« logierend, zählt er all die Zelebritäten auf, die mit ihm die noble Adresse teilen: die Operndiva Maria Jeritza, die Schriftsteller Sil-Vara und Max Mell. Hofmannsthal hat auf Nr. 13 ein Pied-à-terre. Als im Frühjahr 1934 in Wien der Terror der Nationalsozialisten um sich greift, wird aus dem zweiten Stock »in heimlicher Nachtarbeit« ein Verbindungskabel zur nächsten Polizeiwachstube gelegt: Es ist die Residenz des Ständestaat-Kanzlers Engelbert Dollfuß. Am 25. Juli, dem Tag seiner Ermordung, sperren viele Lokale vor der Zeit zu: Die Stadt steht unter Schock. Auch im Café Bräunerhof mit seinem Eingang links vom Hausportal werden die Lichter früher abgedreht als sonst.

Es ist eine Gaststätte vom ruhig-biederen Typ, in der vor allem Dorotheumsbesucher und Kunsthändler verkehren. Erst lange nach dem Zweiten Weltkrieg, als sie – mit dem Besitzerwechsel – endlich auch die gewisse Kaffeehaus-Patina ansetzt, gesellen sich ihnen Künstler zu, darunter so mancher Exzentriker. Der Schrillste heißt Paul Wittgenstein, ist ein Neffe des Philosophen, schlägt sich mit einer immer schlimmer wütenden Geisteskrankheit herum und macht das Café Bräunerhof zur Bühne seiner filmreifen Tobsuchtsanfälle. Alle seine Freunde aus früheren Jahren ziehen sich verschreckt von ihm zurück – mit einer Ausnahme: Thomas Bernhard. Auch der Dichter ist Stammgast im Bräunerhof. Sooft er in

Wien weilt (Adresse: Döbling, Obkirchergasse 3), erscheint er zur immer gleichen Vormittagsstunde in seinem Lieblingslokal, läßt sich am immer gleichen Platz nieder (Tisch 3 vorne rechts), gibt seine immer gleiche Bestellung auf (einen kleinen Braunen) und macht sich an die Lektüre der immer gleichen Zeitungen (»Zürcher«, »Corriere«, »Times« und »Le Monde«). Auch bei stärkster Gästefrequenz und ohne »Reserviert«-Schild gelangt er an seinen Stammplatz: Es geht sich wunderbarerweise immer aus.

Voraussetzung seiner Beständigkeit ist, daß Bernhard im Bräunerhof in Ruhe gelassen wird: Niemand macht Aufhebens von seiner Anwesenheit, das »Grüß Gott« verkümmert immer häufiger zum freundlichen Nicken, und erdreisten sich Anrufer, den scheuen Gast zum Telephon zu locken, wird

Thomas Bernhard an seinem Stammplatz im Café Bräunerhof

er standhaft verleugnet. Bezüglich der für ihn hinterlegten Fan-Post gilt von allem Anfang an die strenge Order »Wegschmeißen!«

Als Bernhard 1982 sein Buch »Wittgensteins Neffe« herausbringt, setzt er damit nicht nur seinem in Armut und Wahn zugrundegegangenen Freund ein Denkmal, sondern auch dem gemeinsamen Stammlokal. Denn wer das scheinbar wüst schmähende Lamento der Seiten 136 bis 140 zu lesen versteht, erkennt unschwer, daß sich dahinter in Wahrheit eine Liebeserklärung verbirgt. Da ist zwar von der »schlechten Luft« des Ortes die Rede, von dem »wohl aus perversen Sparsamkeitsgründen andauernd auf ein Beleuchtungsminimum heruntergedrückten Licht«, von den unbequemen Sitzbänken, die »wenn auch nur die kürzeste Zeit benützt, der Wirbelsäule unweigerlich den größten Schaden zufügen«, von dem »penetranten Küchengeruch, der sich in den Kleidern festsetzt«, sowie vom »Gewäsch der Wiener Dreiviertel- und Halb- und Viertelgebildeten, die dort gegen Mittag ihren gesellschaftlichen Dampf ablassen«. Aber wird nicht dies alles von der »geradezu idealen Höflichkeit des Kaffeehausbesitzers« und der »allerhöchsten Aufmerksamkeit der im Bräunerhof ihren Dienst machenden Kellner« aufgewogen? Er sagt es ausdrücklich: Hier fühlt sich Thomas Bernhard »wie zu Hause«.

Als kurz vor seinem Tod eine Renovierung des Lokals ansteht und dazu die Meinung der Stammgäste eingeholt wird, füllt auch er den betreffenden »Stimmzettel« aus. Und verwahrt sich, wie nicht anders erwartet, gegen jegliche Veränderung: Ob Umgestaltung des Portals, Eliminierung der Telephonzelle oder Erneuerung des Fußbodens – hinter jede der Fragen setzt er ein striktes »Nein«. Nur der Verringerung des gastronomischen Angebots stimmt er zu, desgleichen einer moderaten Preiserhöhung. Sein Stammplatz aber muß unter

Café-Restaurant Bräunerhof

Geehrter Gast!

Seit Jahren versuchen wir, Ihnen die Atmosphäre zu vermitteln, die unsere Gäste am Wiener Kaffeehaus schätzen.

Im Laufe der Jahre hat natürlich auch die bauliche Substanz unseres Kaffeehauses gelitten. Aufgrund verschiedener sanitärer Mängel und dringend notwendiger Reparaturen haben wir uns die Frage gestellt, ob wir das „Bräunerhof" renovieren und damit erhalten oder dem Trend der Zeit anpassen sollen.

Da Sie als Gast wesentlich die Atmosphäre und den Stil unseres Kaffeehauses mitbestimmen, möchten wir Sie um Ihre Meinung fragen:

SOLL MAN IM ZUGE EINER RENOVIERUNG:

nein ☐ DAS PORTAL UMGESTALTEN ☐ DIE SITZORDNUNG ÄNDERN *nein*

nein ☐ LICHT UND BELEUCHTUNGSKÖRPER AUSTAUSCHEN ☐ DIE GROSSEN WANDSPIEGEL ENTFERNEN *nein*

nein ☐ DIE TELEFONZELLE ELIMINIEREN ☐ DEN FUSSBODEN AUSTAUSCHEN *nein*

ja ☐ DAS GASTRONOMISCHE ANGEBOT VERKLEINERN ☐ DAS GASTRONOMISCHE ANGEBOT VERGRÖSSERN *nein*

nein ☐ DIE FENSTERFRONT VERÄNDERN ☐ DEN BLUMENSCHMUCK ENTFERNEN *nein*

	ja	nein
KONZERTCAFÉ	☒	☐
LITERATURCAFÉ	☒	☐
GALERIECAFÉ	☒	☐

Und noch eine letzte Frage – mit einer Renovierung sind natürlich hohe Investitionskosten verbunden. Würden Sie nach einer Renovierung für einen „Kleinen Braunen" bereit sein.

öS 17,— (öS 20,—) öS 23,— oder öS .....

zu bezahlen?

Wir freuen uns schon auf Ihre Antworten und Anregungen – sie werden bei unseren Überlegungen über eine eventuelle architektonische Umgestaltung sicherlich eine große Rolle spielen.

Name des Gastes: Th. Bernhard

Unterschrift: ....

Ihre

Margot + Siegfried HOSTNIK

CAFÉ BRÄUNERHOF, STALLBURGGASSE 2, 1010 WIEN, TELEFON: 52 38 93

Unsere Gäste bestimmen Niveau, Atmosphäre und Qualität

Thomas Bernhards »Stimmzettel«: Strikt gegen jegliche Veränderung in seinem Stammlokal

allen Umständen unangetastet bleiben: der schnörkellose Marmortisch mit dem schweren gußeisernen Unterbau, der Thonet-Sessel aus den dreißiger Jahren, die Polsterbank mit ihrem dem Original nachgewebten Plüschbezug, der ovale Spiegel an der Wand.

Kein Gästebuch, mit dem man den Dichter belästigt, keine Signierwünsche, mit denen man ihn inkommodiert, keine Gaffer, die sich mit versteckter Kamera auf die Lauer legen, und selbst in den explosionsgeladenen »Heldenplatz«-Wochen weiß er sich im Bräunerhof vor Hitzköpfen sicher, die vielleicht gar eine Attacke auf den »Staatsfeind« im Schilde führen. Wechselt er einmal ausnahmsweise den Platz, so nur, weil einer der wenigen Gesprächspartner, die er – wie etwa Claus Peymann – an sich heranläßt, noch rauchempfindlicher ist als er und auf Türnähe besteht.

Erst nach seinem Tod wagen sich die Genius-loci-Späher in den Bräunerhof, und aus Frankreich rücken sie gar in organisierter Formation an: Ein Pariser Reisebüro hat Thomas Bernhard als Verkaufsschlager entdeckt und sich vorsorglich nach den Öffnungszeiten erkundigt (montags bis samstags 7.30 bis 20.30, sonn- und feiertags 10 bis 18 Uhr).

Krippe im Exil

Als Dr. Josef Schrammel 1952 seinen Dienst als Pfarrer von Deutsch-Altenburg antritt, sind in dem renommierten Heilbad am rechten Donauufer noch immer nicht alle Kriegsschäden beseitigt. Auch die Kirche, eines der ältesten Marienheiligtümer Niederösterreichs, hat schwer gelitten: Solange die Kampfhandlungen andauern, dient sie den Russen als Gefechtsstand, später als Pferdestall, auf dem Hochaltar weht zeitweilig die rote Fahne. Auch die über zweihundert Jahre alte Wachskrippe, eines der herausragenden Prunkstücke des Kirchenschatzes, hat ihr Teil abbekommen: Schon seit längerem nicht mehr als Andachtsobjekt genutzt, ist ihr Gehäuse, eine auf vier Füßen ruhende hölzerne Vitrine mit vergoldeten Beschlägen, ebenso demoliert wie das aus Baumrinde, Stroh und Pappmaché gefertigte Szenarium, und die feinziselierten Figuren aus gehärtetem Wachs, die auf den ersten Blick wie Schnitzarbeiten aus Alabaster oder Elfenbein anmuten, liegen wüst durcheinander – den einen fehlen die Beine, den andern der Kopf.

Zum Glück existieren gute Abbildungen, die es den Fachkräften des Bundesdenkmalamtes erleichtern, das Meisterwerk zu restaurieren. Nun ist sie also beinah wieder die alte, die Wachskrippe von Deutsch-Altenburg: Die heiligen drei Könige, hoch zu Roß und mit reichem Gefolge, huldigen dem Neugeborenen, ein Musikant von südländischem Temperament schlägt die Pauke. Schauplatz der feierlichen Anbetung ist ein Erdhügel, den eine Stallruine aus brüchigem Mauerwerk und morschem Gebälk krönt. Eine Art Triumphbogen hält das Ganze zusammen, ringsum wachsen Bäume und Gesträuch.

*Nicht Elfenbein, nicht Alabaster, sondern gehärtetes Wachs:
die Krippe von Deutsch-Altenburg*

Pfarrer Schrammel steht vor einer schweren Entscheidung: Kann er in seinem kleinen Deutsch-Altenburg mit den sehr eingeschränkten Möglichkeiten musealer Konservierung die Sicherheit der unter beträchtlichem Aufwand wiederhergestellten Krippe gewährleisten? Und gehört ein solches Kunstwerk nicht sowieso einer größeren Öffentlichkeit zugänglich gemacht? Das Prachtstück wird also als Dauerleihgut nach Wien überstellt und erhält einen 1a-Platz im Dom- und Diözesanmuseum (I., Stephansplatz 6, Dienstag bis Samstag 10 bis 17 Uhr, sonntags, montags, feiertags sowie am 24. Dezember geschlossen).

Hier, in unmittelbarer Nachbarschaft des Wiener Domschatzes, ist die Deutsch-Altenburger Wachskrippe nun zwar am rechten Ort, aber die Mittel zur dauernden Erhaltung der Bestände sind auch am Stephansplatz knapp, und so läßt man sich – mit Blick auf die bei dieser Gelegenheit in Aussicht gestellten Sponsorengelder – dazu überreden, das kostbare Objekt für die 1994 in den Kaiserappartements der Hofburg veranstaltete Ausstellung »Weihnachten bei Hof« zur Verfügung zu stellen. Das ermöglicht immerhin die Finanzierung einer weiteren, in der Zwischenzeit notwendig gewordenen Restaurierung (um satte S 64 000,-), zieht jedoch neuerlich einzelne Teile des Ensembles in Mitleidenschaft, und so wird man mit dem längst nicht mehr transportfähigen, dem Dommuseum anvertrauten Kleinod in Hinkunft strenger verfahren müssen: Es darf fortan nicht mehr außer Haus.

Schon in früheren Zeiten ist viel über das Woher und Wohin der Deutsch-Altenburger Wachskrippe gerätselt worden; die Aufzeichnungen darüber sind dürftig. Nur so viel steht fest: Klassizistische Elemente (wie der Verzicht auf polychrome Kolorierung der Figuren) stehen neben barocken (wie der typischen Drapierung der Gewänder), der Romantizismus des kräftig wuchernden Pflanzenwerks neben dem Empire-Stil

der erst später hinzugekommenen Vitrine. Für das eigentli-
che Kunstwerk wird man also die Zeit um 1740, für sein Gehäuse die Zeit um 1800 veranschlagen dürfen.

Im vorjosefinischen Wien blüht das Gewerbe der Wachsmo-
dellierer: Südtiroler und italienische Meister ziehen zuhauf in
die Hauptstadt, um sich in den Dienst des Hofes und der di-
versen Adelsgeschlechter zu stellen. Christian Vinazer aus
der Bildschnitzerhochburg St. Ulrich im Grödental ist nur der
Berühmteste unter ihnen; seine Medaillons von Maria Theresia, Kaiser Joseph II. und Staatskanzler Kaunitz setzen neue
Maßstäbe der Porträtierkunst.

In ebendiesem Umkreis könnte auch unsere Wachskrippe
entstanden und über die Grafen Ludwigstorff, die die örtlichen Schloßherren sind, als Stiftung an die Pfarre Deutsch-
Altenburg gelangt sein. 1952 erlischt mit dem letzten Ludwigstorff die männliche Linie; ihre Familiengruft im Haupt-
schiff der Basilika erinnert an die seit Jahrhunderten
bestehende Gutsherrschaft. Nur der Kurbetrieb des Heilba-
des Deutsch-Altenburg ist weiterhin in ihrer Hand: Einer der
weiblichen Nachkommen lenkt dessen Geschicke. Verlangt
es die Frau Kurdirektor allerdings nach weihnachtlicher Ein-
kehr an »ihrer« Krippe, so muß sie den Weg nach Wien an-
treten: ins Dommuseum zu St. Stephan.

Ein Käfig voller Zeiserln

Von den drei Kuckucksuhren in seinem Arbeitszimmer zeigen nur noch zwei die Zeit an: Das Spielwerk der dritten hat nach so vielen Dienstjahren seine Stimme eingebüßt. Über acht Dezennien hat Rudolf von Alt den Pinsel nicht aus der Hand gelegt – schon der Schulbub hilft dem Vater, seinem Lehrherrn, beim Kolorieren. Am Ende seines Lebens – der Meister der Altwiener Vedute erreicht das gesegnete Alter von zweiundneunzig – werden es mehrere tausend Aquarelle sein, die er vollendet hat. Allein vom Stephansdom, seinem Lieblingsmotiv, sind's über hundert. Nicht nur der Kunsthandel wird noch lange von seiner Produktivität zehren, auch Ortsgeschichte und Topographie. Und ganze Brigaden von Fälschern werden darangehen, auf ihre Weise aus dem berühmten Namen Kapital zu schlagen ...

Wohnung und Atelier im zweiten Stock des Hauses Skodagasse 11 im heutigen Bezirk Josefstadt, die er von der ersten Heirat (1841) bis zum Tod (1905) innehat, sollen zur Gedenkstätte umgewidmet werden: Tochter Louise stiftet den Großteil des Inventars der Stadt Wien – mit der Auflage, daß sie an Vaters Seite in dessen Ehrengrab bestattet und der langjährigen Haushälterin Amalia Brezina eine auskömmliche Altersversorgung zuteil wird. Als die »treue Mali« stirbt, geht auch deren Anteil an der Alt-Hinterlassenschaft in öffentlichen Besitz über. Rührendstes Stück ist das Feldstokkerl von 1830, das der Meister zum Malen in der Natur benützt: ein einfaches Klappstühlchen aus gedrechselter Buche, mit grobem rotweißen Leinen bespannt.

Doch das spätbiedermeierliche Bürgerhaus in der vormaligen

Alservorstadt wird im Zweiten Weltkrieg beschädigt, und das 1947 im Historischen Museum der Stadt Wien installierte Alt-Zimmer ist nicht von Dauer: Werkstattmobiliar samt Vogelkäfig und Barometer, der von einer Griechenlandreise mitgebrachte Fransenteppich, die Bierkrugkollektion und all der übrige Hausrat landen im Depot.

Der Meister bei der Arbeit (ganz vorn rechts)

Der heutige Spurensucher bleibt also auf die zahlreichen ge-meinnützigen Kunstsammlungen, die Alt-Blätter in ihrem Bestand haben, sowie auf eine lakonische Gedenktafel ange-wiesen, die an dem inzwischen mustergültig restaurierten Wohnhaus angebracht ist: Dem »Altmeister« zu Ehren ... Da ist es ein Segen, daß Freund Ludwig Hevesi, der Rudolf von Alts Lebensweg mit liebevollen Schilderungen im »Wiener Fremdenblatt« begleitet und in Buchveröffentlichungen auch für die Nachwelt festhält, in der Skodagasse ein und aus gegangen ist:

»Er sitzt in einem alten grünsamtenen Lehnstuhl an einem schwarzen Tisch, vor ihm liegt ein Reißbrett mit einem Bo-gen Whatman. Daneben ein hohes Glas Wasser, das wie Li-monade aussah, obwohl er den Pinsel oft genug durch den Mund zog. Und auch ein Zündstein steht da, ein kolossaler, wie ich nie einen gesehen, denn er verbrauchte massenhaft

Die Geräuschkulisse war ihm unentbehrlich:
ein Käfig für seine Zeiserln und Kanaris

Zündhölzer für die ewige Virginierzigarre in seinem Munde. Das Fenster war immer dicht mit Blumentöpfen besetzt. Dazu das Gezwitscher der vielen Kanari und Zeiserln in dem großmächtigen Vogelhaus. Das gab es sonst nur noch am Stephansplatz – in dem altberühmten Krannerschen Leinengeschäft, wo er gerne im ersten Stock am Fenster saß und so viele Stephanstürme malte, mitten unter den plappernden Nähmädchen an ihren klappernden Nähmaschinen.«

Welch ein souveräner Kritiker, dieser Ludwig Hevesi! Die trocken-theoretische Abhandlung ist seine Sache nicht: Er weiht den Leser auch in die scheinbar trivialsten Details des Künstleralltags ein, berichtet von den Schleuderpreisen, zu denen der »geborene Familienvater« aus Existenzgründen seine Werke auf den Markt wirft, von der unbändigen Arbeitswut, die ihn sogar während seiner Kuraufenthalte nicht verläßt, oder von den Behinderungen durch das früh einsetzende Rheumaleiden (das dem Zitterhändrigen den Spottnamen »Impressionist wider Willen« einträgt).

Auch Alts Sinn für Witz bleibt in den Schilderungen des einunddreißig Jahre Jüngeren nicht ausgespart – etwa, wenn der Meister, nun schon mit Großaufträgen des österreichischen Kaiserhauses und des russischen Zarenhofes eingedeckt, sich selber zum »Zimmermaler« degradiert, sich über die Druckfehler in den Ausstellungskatalogen (»Sparkasse« statt »Sporgasse«) mokiert, den ewigen Kampf mit den Gassenbuben beklagt, die ihm beim Arbeiten im Freien zur Last fallen, oder jener Einladung an die Tafel des Kronprinzen Rudolf gedenkt, zu der er – irgendwelcher Frackprobleme wegen – mit beträchtlicher Verspätung eintrifft, so daß die ganze noble Runde auf ihn warten muß.

Als der schon Fünfundachtzigjährige anno 1897 unter den Mitbegründern der Secession ist (deren Ehrenpräsident er wird), widmet die Eröffnungsnummer der Avantgarde-Zeitschrift »Ver Sacrum« dem Exponenten eines nun wohl schon antiquiert anmutenden Naturalismus einen fulminanten Huldigungsartikel, der uns Heutigen als Lektion in Respekt und Toleranz dienen könnte, und wer sich gar in der Kunst des Nachrufs üben will, nehme sich an jenem ergreifenden Text ein Beispiel, mit dem Ludwig Hevesi seinen Besuch im Sterbezimmer des Meisters festhält:

»Da stand ein enges altmodisches Bett, und darauf lag etwas Weißes, das war der tote Rudolf Alt. Die Pflegerin legte meine Hand an sein Genick, da war noch eine warme Stelle …«

Wie kommt eine Schule ins Buch der Rekorde?

Ob die Berndorfer Schuljugend gegenüber der im übrigen Österreich einen generellen Wissensvorsprung in punkto Kulturgeschichte hat, ist nie erhoben worden. Fest steht, daß sie sich bei Ferienreisen nach Griechenland oder Ägypten, bei Besichtigungstouren in Pompeji oder Versailles leichter tut als andere: Wer Jahre hindurch den halben Tag in einem »historischen« Klassenzimmer zubringt, das von der Eingangstür bis zum Katheder, von der Wand bis zum Plafond stilecht adjustiert ist, geht ganz anders an die Sache heran als einer, der sich die dorischen Kapitäle und maurischen

Eine der zwölf »Stilklassen« von Berndorf: das maurische Zimmer. Das Portal ist dem Goldenen Tor von Cordoba abgeschaut, die Kapitäle der Marmorsäulen haben ihre Vorbilder in der Alhambra von Granada.

Fayencen, die pompejanischen Wandmalereien und byzanti-
nischen Türstöcke erst mühsam aus Bildbänden und Reise-
führern zusammenklauben muß.

Die berühmten »Kunstklassen« von Berndorf, Hauptattrak-
tion des Achttausend-Seelen-Städtchens im südlichen Niederösterreich, erfüllen auch neunzig Jahre nach ihrer Inbetriebnahme noch immer den ursprünglichen Zweck: bei
den Kindern den Sinn für Eigenart und Schönheit fremder
Kulturen zu wecken. Denn das Bundesdenkmalamt wacht
mit Argusaugen (sowie beträchtlichen Finanzspritzen) darüber, daß die alte Pracht erhalten bleibt: Alle paar Jahre rük-
ken die Restaurierer an, das ägyptische, das maurische, das
byzantinische, das dorische, das romanische, das pompejani-
sche, das gotische, das Renaissance-, das Barock-, das Roko-
ko- und das Zimmer im Stil Ludwigs XVI. auf Hochglanz zu
bringen. Und wenn Vater Staat das Geld ausgeht, springen
die Mitglieder des örtlichen Fördervereins oder Firmen-
sponsoren ein: Wer bereit ist, die Patenschaft für einen der
Unterrichtsräume zu übernehmen, und dafür S 100 000,- auf
den Tisch legt, wird auf Wunsch mit einer Plakette neben
dem Portal verewigt.

Apropos verewigt: Natürlich ist Österreichs originellste Schule seit 1985 auch im Guiness-Buch der Rekorde. Kein Wunder also, daß die Zahl der Besucher von nah und fern, die sich
das einzigartige Kulturdenkmal aus der Nähe ansehen wollen,
steigt und steigt: Kaum ein Tag, da nicht ein Touristenbus
vorfährt (bei laufendem Schulbetrieb Zutritt zwischen 13.30
und 17 Uhr, an unterrichtsfreien Tagen zwischen 8.30 und
17 Uhr).

Aber auch den Kindern, die das Privileg genießen, das große
Einmaleins unter dem Goldenen Tor von Cordoba zu erler-
nen, wird »Kooperation« abverlangt: Ein Kratzer an der
Wand – und der Missetäter bringt sich um das heißbegehrte

neue Videospiel. Denn die Eltern sind es ja, die für allfällige
Schäden geradezustehen haben. Auf bis zu S 700 000,- be-
läuft sich die Versicherungssumme pro Klassenzimmer, und
für alle Reparaturen, die die Kunstfertigkeit des ortsansässi-
gen Anstreichers übersteigen, müssen Spezialisten von auswärts angefordert werden. Klar, daß da die Wände mit keinerlei modernem Bildschmuck verschandelt werden dürfen –
nur Katheder und Schulbänke sind »von heute«: Auch das
perfekteste Museum stößt an Grenzen.

Die Berndorfer Metallwarenfabrik, der dieses Wunder zu
verdanken ist, blickt auf ein Alter von über hundertundfünf-
zig Jahren zurück. 1843 mit einer Anfangsbelegschaft von
fünfzig Arbeitern gegründet, wird sie es in ihrer Blütezeit
auf dreitausend Beschäftigte bringen, ihr Tafelgeschirr aus
Alpaka-Silber genießt Weltruf. Um die Jahrhundertwende –
seit dem 3. November 1900 ist Berndorf Stadt und führt ein
eigenes Wappen – lenkt Arthur Krupp die Geschicke des
Unternehmens. Als Freund der Künste liegen dem Enkel
des Begründers der weltberühmten deutschen Stahldynastie
nicht nur Fertigung und Absatz seiner Produkte am Herzen:
Auch der Bau einer Kirche und eines ortseigenen Theaters
gehen auf sein Konto. Nun aber – es ist das Jahr 1907 – will
der Einundfünfzigjährige etwas für die Kinder seiner Arbei-
ter tun: Die Gemeinde stellt das Gelände (auf dem sogenannten Griesfeld) zur Verfügung und kommt für den Bau
der beiden Schulhäuser auf, Krupp sorgt für deren Inneinein-
richtung. Er tut dies in Erinnerung an seine eigene Internats-
zeit, wo Schlafraum wie Klassenzimmer düsteren Gefängnis-
zellen glichen. »Schon damals«, so wird er, kurz vor seinem
Tod als Ehrengast zu einer Berndorfer Schulfeier eingeladen,
in einer Ansprache auf sein Projekt zurückblicken, »reifte in
mir der Gedanke, daß, wenn ich einmal etwas zu sagen hätte, die Kinder eine angenehmere Erinnerung an die vielen

Stunden, die sie in den Klassen verbringen mußten, haben sollen, als mir beschieden war.«

Arthur Krupps Wunschtraum: Jedes der zwölf Unterrichtszimmer sowohl der Knaben- wie der Mädchenschule soll in authentischen Nachbildungen eine andere Stilepoche, einen anderen Kulturkreis repräsentieren. Doch es gibt Hindernisse:

»Alle Behörden waren gegen meinen Vorschlag, die Ansicht aussprechend, daß die Aufmerksamkeit der Kinder zu sehr abgelenkt würde, während ich die Behauptung aufstellte, daß eine Ablenkung im ganzen vielleicht die ersten acht Tage im Schuljahr ausmachen würden, während die Kinder den angenehmen Eindruck das ganze Jahr hindurch hätten und gleichzeitig spielend leicht die Stile kennenlernen würden. Ich erklärte damals, wenn die Klassenzimmer nicht so eingerichtet würden, wie ich es vorschlug, unterbliebe überhaupt der Bau der Schulen. Man schien der Ansicht, ich sei ein Dickschädel und gab mir nach, da man ja die Ausstattung später wieder herausreißen könne ...«

So kommt das Projekt also doch noch zustande, die besten Architekten und Handwerker werden aufgeboten, es in die Tat umzusetzen, und am 11. Dezember 1909 halten die ersten Taferlklaßler Einzug.

Aber nicht nur ihr kulturhistorisches Ambiente macht die Berndorfer Schulen weltweit zum Unikat – auch in der übrigen Ausrüstung sind sie von Anbeginn auf der Höhe der Zeit: Elektrisches Licht ist ebenso eine Selbstverständlichkeit wie Zentralheizung und Klimaanlage, der Onkel Doktor bekommt schuleigene Ordinationsräume, die Schulzahnklinik ist die überhaupt erste in Österreich. Unversehrt überstehen die kostbaren Unterrichtszimmer beide Weltkriege, und auch als 1945 die Russen Berndorf besetzen, hat man Glück: Einer der auf dem Griesfeld stationierten Rotarmisten ist Student der Kunstgeschichte, braucht also nicht eigens dazu angehalten zu werden, auf die Schonung der (nunmehr als Offizierskasino und Feldküche genutzten) Räume zu achten.

*Schulwart Harald Schalk auf dem Dachboden der Berndorfer Volksschule:
Hier wird, was vom Originalmobiliar für Ausstellungszwecke »abgezweigt«
worden ist, sorgsam gehütet.*

Schieles Staffelei

Man sah sich um und fand sich innerhalb eines kalkweißen Mauergevierts von schwarzen Dingen umgeben: schwarzen Kästen, Tischen und Stühlen, schwarzen Vorhängen, schwarzen Seidendecken, schwarzen Polstern, schwarz gebundenen Büchern und schwarzen Vasen auf schwarzen Bordbrettern, und inmitten dieses Chores vieltönig abgestimmter Schwärzen stand der junge Künstler vor einer schwarzen Staffelei.«
Alles in Schwarz.

»Rigoros gestylt« – würde der Kunstkritiker Arthur Roessler noch hinzufügen, beschriebe er den Arbeitsraum seines Schützlings Egon Schiele mit dem Wortschatz von heute. Da gibt's keinerlei halbe Sachen: Der Schreibtisch ist, statt an die Wand gerückt, in zehn Zentimeter Abstand von ihr plaziert. Damit jeder sieht: Auch die Rückseite ist »ausgeführt«. Und natürlich auch sie in Schwarz.

Es ist Egon Schieles letztes Lebensjahr: Am 31. Oktober 1918 stirbt der Achtundzwanzigjährige – drei Tage nach Gattin Edith – an der Spanischen Grippe. Seine Werkstatt in der Hietzinger Hauptstraße 101, die er extra mit elektrischem Licht hat ausstatten lassen, damit er auch nach Einbruch der Dunkelheit pinseln kann, soll in eine Malschule umgewandelt werden; für die eigene Arbeit – vor allem an den großformatigen Bildern – hat er soeben ein sieben Meter hohes Zweit-Atelier bezogen: Wattmanngasse 6. Die Firma Landsberger in der Operngasse, »Niederlage sämtlicher Malrequisiten«, versorgt ihn mit dem nötigen Handwerkszeug. Jetzt, gegen Ende des Krieges, ist es nicht immer vom Besten: Die Far-

Von den Erben weiterbenützt: Schieles Staffelei

ben bröckeln ab, der Nachlaß des Frühvollendeten wird sorg-
fältiger Pflege bedürfen.

Er landet zu gleichen Teilen bei der Mutter des Künstlers und
den beiden Schwestern. Melanie, die Ältere, fühlt sich wie er
zur Kunst hingezogen, wird jedoch vom strengen Bruder
zurückgepfiffen: »Melanie, male nie!« Aber da ist auch noch
Gerti, die vier Jahre jüngere. Sie ist Schieles Liebling: oft an
seiner Seite, oft sein Modell, im Kreis um Josef Hoffmann
auch Mannequin der Wiener Werkstätte. Daß er sie an seinen
Studienkollegen Anton Peschka »verlieren« soll, beobachtet er
mit unverhohlener Eifersucht: Die beiden heiraten.

Anton Peschka, fünf Jahre älter als er, wird bei der Pflege der
Schiele-Hinterlassenschaft eine wichtige Rolle zukommen.
Schon die längste Zeit arbeiten die beiden eng zusammen:
Zunächst im Dienste des Bühnenmalers Brioschi, später er-
folglos um eine Stelle als Zeichenlehrer bemüht, teilt er sich
mit Schwager Egon bisweilen das Atelier, wird von diesem
nach Kräften gefördert, darf ihm da und dort assistieren. Wer
also wäre berufener als er, nach Schieles Tod dessen unfertig
gebliebene Spätwerke zu vollenden? Das berühmte Kinder-
bild, bei dem die Strümpfe und die Schuhe fehlen, ist nur eines von vielen.

Als Anton Peschka für sich und die Seinen – er wird Vater von
vier Kindern – 1922 in der Maygasse 37 ein Eigenheim errichtet, ist endlich auch ausreichend Platz für das Schiele-Mobi-
liar: die von eigener Hand schwarzgestrichene Sitzgruppe, der
auf etlichen Männerporträts verewigte Ateliersessel, die von
Peschka weiterbenützten Staffeleien. Und natürlich die Vitrine mit den geliebten Sammelobjekten: bemaltes Kinderspiel-
zeug und Tiroler »Herrgöttle«, russische Lackdosen und sia-
mesische Bronzen, barocke Zinnkannen und afrikanischer Per-
lenschmuck und all der andere kunterbunte Krimskrams.
Der schöne Besitz auf dem Rosenhügel wird so zum familien-

eigenen Schiele-Schrein, und das bleibt er auch, als viele Jahrzehnte später Sohn Anton junior das Erbe antritt. Maler auch er, doch im Brotberuf Beamter der Wiener Handelskammer, achtet der 1997 zweiundachtzigjährig Verstorbene mit Argusaugen darauf, daß nichts von all den Kostbarkeiten in die falschen Hände gerät. Als Schiele 1918 stirbt, ist Neffe »Tonerle« vier: alt genug, sich sein Leben lang lebhaft an die von Krücken herabbaumelnden japanischen Schattenfiguren zu erinnern, die ihn beim Erklimmen des Stiegenaufgangs zum Atelier jedesmal ängstigen, an den Spiritusgeruch der dampfbetriebenen Spielzeuglokomotive oder an die große Schokoladefigur, die ihm der Onkel eines Tages zusteckt. Er bewahrt sie, sein bevorzugtes Kindermodell, ehrfürchtig auf, bis sie wurmstichig und ungenießbar ist.

Hier war Egon Schiele Stammkunde.

Zum 100. Geburtstag Egon Schieles im Frühsommer 1990 greift Peschka junior zur Feder und schreibt seine Erinnerungen an den mittlerweile weltberühmten Onkel nieder. Wer ihre mündliche Wiedergabe beim damaligen Festakt im Bezirksmuseum versäumt hat, kann sie in einer wohlgelungenen Materialsammlung nachlesen, die Kustos Harry Glöckner als Broschüre herausgebracht hat. Schon Jahre davor ist es den Hietzingern gelungen, aus Spenden der Erben eine beachtliche Schiele-Gedenkstätte zu errichten. Ihr Prunkstück: eine der Staffeleien aus dem Besitz des Meisters (XIII., Am Platz 2, samstags 14.30 bis 17, sonntags 10 bis 12 Uhr).

Achtung, Exportsperre!

Hollein entwirft Atelier für Hundertwasser«: Keine Zeitung würde eine solche Nachricht unter den Kurzmeldungen des Kulturteils verstecken, sondern selbstverständlich auf die Seite 1 rücken – groß und mit Bild. Ja, die Zeiten haben sich geändert: Was heute einer Sensation gleichkäme, war den Leuten um die Jahrhundertwende kaum der Rede wert. Und so ist es dennoch immer nur unter Fachleuten bekannt: Gustav Klimts Malkasten ist eine Kreation von Josef Hoffmann. Ein Genie dient dem anderen …

1904 – es ist Klimts Glanzzeit. Vor sieben Jahren ist die Secession gegründet worden, der jetzt Fünfunddreißigjährige ist ihr erster Präsident, Wien schwelgt im »Kunstfrühling«. Aber es regen sich auch Widerstände gegen die »Neutöner«: Als sich ein Teil der Professoren über die Deckengemälde alteriert, die Klimt für den Festsaal der Wiener Universität geschaffen hat, zieht der Meister die fertigen Werke gekränkt zurück und refundiert dem Unterrichtsministerium das bereits ausbezahlte Honorar.

Sein Atelier ist ein Gartenpavillon in der Josefstädterstraße 21. Durch Hauseinfahrt und Hof gelangt man zu dem still abgeschiedenen Arbeitsraum, der gegen den Nachbargrund von einer Mauer abgegrenzt ist und nach vorn von einem verwilderten Garten. Freund und Mitstreiter Josef Hoffmann hat das Mobiliar entworfen, die Wiener Werkstätten haben es ausgeführt und ihrem Mentor zum Geschenk gemacht: ein mehrteiliger Wandschrank, in dem Klimt seine kostbare Sammlung japanischer und chinesischer Seidengewänder, allerlei exotische Kleinplastik und seine geliebte romanische

Madonna hütet, weiters eine Sitzgarnitur sowie – wichtigstes Stück für die tägliche Arbeit – ein Schubladenkasten für die Farben, Pinsel und übrigen Malutensilien. Das Material ist Eiche – massiv und furniert, schwarz gebeizt, die Holzporen mit Kreide eingerieben, Knopfgriffe und Kugelfüße aus vernickeltem Stahl.

1914 läßt der Hausbesitzer den Pavillon niederreißen, Klimt übersiedelt in sein letztes Atelier: Unter St. Veit, Feldmühlgasse 11. Selbstverständlich mit von der Partie: das komplette Hoffmann-Interieur. Der Zweiundfünfzigjährige mit dem inzwischen ergrauten Apostelbart, von früh morgens bis gegen Abend in seine Arbeit verbissen, läßt kaum noch fremde Besucher an sich heran – einer der wenigen, denen es glückt, vom Meister in dessen Werkstatt herumgeführt zu werden, ist ein Anonymus, der die »freiwillige Eremitage« in einem Zeitungs-»Eingesandt« liebevoll beschreiben wird.

Der Sarkophag, den Josef Hoffmann ebenfalls für den Freund entworfen hat, bleibt unausgeführt: Klimts früher Tod am 6. Februar 1918 kommt allzu überraschend. Die nunmehr herrenlosen Ateliermöbel landen vorerst in einem Magazin des Hauses Mariahilferstraße 1 c: Es ist jene »Casa piccola«, in der Klimts Langzeit-Muse Emilie Flöge ihren berühmten Modesalon unterhält.

Nächster Besitzer ist der 1898 geborene Klimt-Neffe Rudolf Zimpel. Als auch er, in späteren Jahren Personalchef der Böhler-Werke, stirbt, wird Klimts Malkasten endgültig zum Spekulationsobjekt des heimischen Kunsthandels: In einer Privatsammlung untertauchend, bekommt ihn die Öffentlichkeit erst fünfundzwanzig Jahre nach Hoffmanns und dreiundsechzig Jahre nach Klimts Tod zu sehen – im Rahmen der Künstlerhaus-Ausstellung »Moderne Vergangenheit«, Sommer 1981. Was an dem knapp einen Meter hohen Arbeitsmöbel besonders auffällt: Es zeigt kaum Gebrauchsspuren, ist offensichtlich sorgfältig gereinigt und restauriert. Von seinem Marktwert erfährt die Fachwelt zum erstenmal, als das gute Stück im November 1982 im Auktionskatalog des Münchner Versteigerungshauses Ketterer aufscheint – zum Rufpreis von satten 60 000 Mark.

Das ist die Stunde der staatlichen Denkmalschützer: Ein seit 1918 geltendes Ausfuhrgesetz schreibt für Kunstdenkmäler dieses Ranges den strikten Verbleib im Inland vor. Die gegen die Zuwiderhandelnden erstattete Anzeige hat zur Folge, daß das Offert zurückgezogen wird. Von dem fälligen Strafverfahren wird abgesehen, nachdem sich die Behörde vergewissert hat, daß das Objekt sich inzwischen wieder auf österreichischem Boden befindet.

Ein Genie dient dem anderen: Josef Hoffmanns Malkasten für Gustav Klimt

Auch ein weiterer Versuch, das Unikat meistbietend zu veräußern, scheitert, obwohl in diesem Fall – es ist eine Jugendstil-Auktion des Dorotheums im März 1992 – vorsorglich darauf aufmerksam gemacht wird, daß es sich bei Nr. 219 V um ein »nationales Kulturdenkmal« handele, das unter keinen Umständen ins Ausland abwandern darf. Ist der Preis mittlerweile derart hochgeschnellt, daß ihn keiner der einheimischen Bieter aufzubringen vermag? Das Historische Museum der Stadt Wien jedenfalls, das unter den Interessenten ist, winkt angesichts des geforderten Millionenbetrags verschreckt ab. Klimts Malkasten bleibt somit zwar Österreich erhalten, findet jedoch nicht den Weg in eine jener öffentlichen Sammlungen, die der Verpflichtung nachkämen, ihn dem breiten Publikum zugänglich zu machen. Heißt's also weiterhin sich mit den Katalogphotos begnügen …

»Das soll die Muttergottes sein?«

E in höchst origineller Ausstellungsort: In einem der vier stillgelegten Simmeringer Gasometer gedenkt 1989 die österreichische Sozialdemokratie ihres hundertjährigen Bestehens, in allen Facetten ist die Geschichte der Partei dokumentiert. Victor Adler nimmt dabei einen Ehrenplatz ein: Der Prager Millionärssohn und Wiener Armenarzt, der seit 1884 ganz im Dienst für die Arbeiterbewegung aufgeht und mit sechsundsechzig – einen Tag vor Ausrufung der Republik – stirbt, ist der Gründungsvorsitzende.

Doch der Name Adler kommt in der Jubiläumsschau mehrfach vor. Auch Sohn Friedrich, der am 21. Oktobter 1916 aus Protest gegen dessen Kriegspolitik Ministerpräsident Graf Stürgkh erschießt, nach Verurteilung, Begnadigung und Amnestierung die Wiener Arbeiterräte lenkt, später auch dem Nationalrat angehört und zuletzt siebzehn Jahre lang als Sekretär der Sozialistischen Internationale wirkt, ist in Simmering präsent.

Und ebenso Emma Adler, seine Mutter. Sechs Jahre jünger als ihr Mann, redigiert die Hochgebildete die Jugendbeilage der »Arbeiter-Zeitung«, gibt diverse Sammelwerke heraus, schreibt über das Elend des »Bauerndaseins« und über »Die Frauen der großen französischen Revolution«, übersetzt Belletristik und macht sich mit Sprachkursen im Arbeiter-Bildungsverein nützlich. Als Marie, eines ihrer drei Kinder, zum Dauerfall für die Psychiatrie wird, verfällt auch sie in schwerste Depressionen: Zwei Selbstmordversuche sind die Folge. 1935 stirbt sie im Zürcher Exil.

Das Konterfei, mit dem ihrer in der Simmeringer SPÖ-Retrospektive gedacht wird, mag so manchen Genossen irritieren: Es ist weder ein Parteitags-Gruppenbild mit Dame noch ein Schnappschuß von ihrem Schreibtisch oder ihrem Vortragspult. Sondern ein Altargemälde: die Madonna mit dem Jesuskind im Arm. Der blaue Umhang von einer edelsteingeschmückten Fibel zusammengehalten, über dem Kopfschleier eine goldfunkelnde Krone, das lang wallende Haar streng gescheitelt, das edle Antlitz von einem Anflug von Melancholie umflort. Die jüdische Frau des jüdischen Arbeiterführers als katholische Devotionalie – was soll das? Ein geschmackloser blasphemischer Scherz? Oder gar eine opportunistische Konzession ans herrschende Religionssystem? Hat nicht Victor Adler nach seiner Heirat sich taufen und

*Victor und Emma Adler
als Brautpaar*

auch seine Kinder in die protestantische Kirche aufnehmen lassen, nur um ihnen, wie er 1913 in seinem Testament erläutern wird, »die blödsinnigen Scherereien zu ersparen, die in Österreich die Konfessionslosigkeit herbeiführt«?

Doch nein, damit kann es nicht zusammenhängen: Emma Adler widersetzt sich dem Ansinnen ihres Mannes, bleibt für ihre Person dem angestammten mosaischen Glauben treu. Setzen wir unsere Nachforschungen also an der »Quelle« fort ...

Die »rote« Gottesmutter im reichverzierten Barockrahmen ist eine Leihgabe des katholischen Pfarramtes von Nußdorf am Attersee und schmückt dort normalerweise den linken Seitenaltar der aufs 14. Jahrhundert zurückgehenden und

*»Des is ja die Adlerin –
und kein Alzerl die
Muttergottes!« wettern
die Nußdorfer gegen das
neue Altarbild in ihrer
Pfarrkirche.*

1987/88 neugestalteten Kirche. Pfarrer David Holzner ist erst seit wenigen Jahren im Amt, aber die Frage nach der »Adler-Madonna« ist ihm vertraut – erst unlängst hat er sie auch den Leuten vom Fernsehen beantworten müssen.

Sommer 1887. Für die Nußdorfer Kirche wird eine neue Marien-Darstellung in Auftrag gegeben; der aus Wien stammende akademische Maler Emanuel Oberhauser sieht sich nach einem geeigneten Modell um. Beim Jesusknaben tut er sich leicht: Welche Mutter wäre nicht stolz, ihren Liebling an der Altarwand der Dorfkirche verewigt zu sehen? Schwerer ist es, die passende Madonna zu finden: Für Oberhauser kommt nur eine wirkliche Schönheit in Betracht. Da sticht ihm beim Spaziergang im Ort einer der weiblichen Urlaubsgäste ins Auge: Es ist die neunundzwanzigjährige Wienerin Emma Adler, die seit vorigem Jahr mit ihrer Familie auf einem Bauernhof im drei Kilometer entfernten Parschallen auf Sommerfrische weilt. Bei einem ihrer Einkäufe beim Dorfgreißler spricht Meister Oberhauser die bildhübsche Fremde an und bittet sie, ihm Modell zu sitzen. Und Emma Adler, zuvor noch das Einverständnis ihres Mannes einholend, stimmt zu. Nur die biederen Nußdorfer haben, als publik wird, wer sich hinter ihrer neuen Madonna verbirgt, ihre liebe Not, sich damit abzufinden, daß es sich dabei um eine »Andersgläubige« handelt und um eine Exponentin der »linken Reichshälfte« obendrein …

Die irgendwann später aufkommende Legende vom »wundertätigen Gnadenbild«, das bei einem Totalbrand der Nußdorfer Kirche als einziger Gegenstand verschont geblieben sei, ist freilich genauso töricht (und wohl auf eine Verwechslung zurückzuführen): Die ominöse Feuersbrunst, die tatsächlich den gesamten Ort eingeäschert hat mit Ausnahme der Kirche und dreier angrenzender Häuser, hat sich bereits 1857 zugetragen: ein Jahr vor Emma Adlers Geburt.

Steckbrieflich gesucht!

Laßt mir den Sarg – ich will euch geben, was ihr dafür haben wollt!« fleht der Prinz die sieben Zwerge an, die vor Schneewittchens gläsernem Sarkophag Wache halten. Doch die Märchenmännlein der Brüder Grimm sind für einen solchen Deal nicht zu haben: »Wir geben ihn nicht um alles Gold in der Welt!«

Nicht gerade »alles Gold in der Welt«, wohl aber einen ordentlichen Batzen würde der Antiquitätenhandel locker machen, tauchte eines Tages Otto Wagners Version des Schneewittchen-Sarges aus der Versenkung auf: die berühmte gläserne Badewanne. Doch die Chancen dafür sind gering: Jugendstilexperte Dr. Paul Asenbaum hat alles Erdenkliche unternommen, ihr auf die Spur zu kommen, hat die einschlägigen Wohnstätten abgeklappert, Hausbesitzer, Mieter und Erben befragt. Doch das begehrte Objekt ist und bleibt verschollen. Kein Sammler hat es je zu Gesicht, kein Auktionshaus je angeboten bekommen. Oder sollte es am Ende unerkannt in der Gerümpelkammer irgendeines Ahnungslosen schlummern und doch noch irgendwann ans Licht kommen – ähnlich jenem originalen Wagner-Küchentisch, der zur allgemeinen Überraschung 1981 in der Künstlerhaus-Ausstellung »Moderne Vergangenheit« auftauchte? Und hatte man nicht auch bei der Einrichtung, die der Herr Baurat anno 1902 für das Depeschenbüro der »Zeit« in der Kärntnerstraße entworfen hat, bereits alle Hoffnung aufgegeben – und dann rückte plötzlich Sotheby's damit heraus?

7. Mai 1898. Zur Feier der 50. Wiederkehr seiner Thronbe-

steigung eröffnet Kaiser Franz Joseph in der Prater-Rotunde die sogenannte Jubiläumsausstellung: Österreich-Ungarn führt der Welt seine Errungenschaften aus Technik und Gewerbe, aus Land- und Forstwirtschaft, aus Wohlfahrt und Sport vor. Weithin sichtbares Wahrzeichen des Spektakels: ein Fesselballon, der beherzte Besucher aus 460 Meter Höhe auf das Messegelände hinunterblicken läßt; tausend Bogenlampen und siebentausend Glühbirnen sorgen dafür, daß die Pracht auch nachts angestrahlt bleibt.

Unter den Attraktionen der Abteilung »Möbel und Innenräume« sticht das vom siebenundfünfzigjährigen Otto Wagner kreierte Badezimmer hervor: ein in den Farben Weiß, Silber und Violett gehaltenes Ensemble aus Waschtisch, Toilettegarnitur und Ruhebett. Alles ist aus einem Guß: Für Wandbespannung und Bodenbelag, für Polsterüberzüge, Badetücher und Bademantel wird ein und derselbe Frotteestoff verwendet. Doch den eigentlichen »Hit« bildet die Wanne: ein rechteckiger, sarkophagähnlicher Behälter aus Spiegelglas, von einer vernickelten Metallrahmenkonstruktion raffiniert zusammengehalten. Als »Juwel« wird Adolf Loos sie in der »Neuen Freien Presse« preisen, und statt in einem biederen Katalog für Hygienetechnik ist sie in der exklusiven Kunstzeitschrift »Ver Sacrum« abgebildet. Der Grund: Unter den begnadeten Händen des genialen Neuerers der Jahrhundertwende-Architektur, zu dessen Ruhmesleistungen vor allem die Wiener Stadtbahn, die Nußdorfer Schleuse, das Postsparkassenamt, die Kirche Am Steinhof sowie an die fünfzig Villen und Miethäuser zählen, mutiert das Badezimmer von der einfachen Reinigungsstätte zum ästhetisch überhöhten, ja sakral angehauchten Boudoir.

Wie es Wagners Gewohnheit ist, die von ihm kreierten Räume und Einrichtungen persönlich »auszuprobieren« und vorübergehend selber zu benützen, geht auch sein in der Jubi-

läumsausstellung gezeigtes Badezimmer nach deren Schließung am 9. Oktober nicht etwa in fremden Besitz über oder
gar in den Handel, sondern wird Teil seiner für den Eigen-
bedarf bestimmten Wohnung in dem (ebenfalls von ihm selber entworfenen) Haus Wien VI., Köstlergasse 3.
Wagners Wohnsitz ist zu dieser Zeit Hütteldorf, doch die
Prunkvilla am Stadtrand verträgt gut ein Absteigquartier in
Zentrumsnähe, und das ist nun, für eine Weile, das Hochparterre in dem an die beiden anderen Wagner-Bauten der Linken Wienzeile angrenzenden Miethaus. Der erste, der die glä-

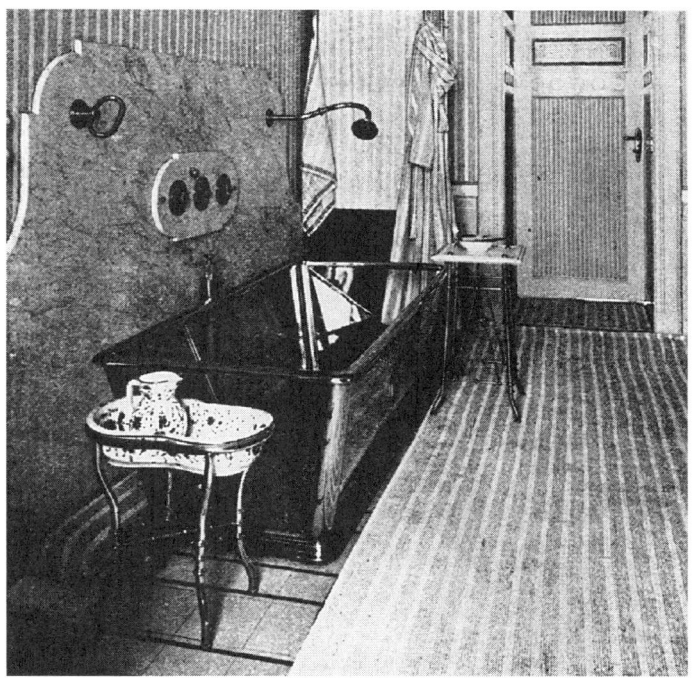

Spiegelglas und Nickel: Otto Wagners für die kaiserliche Jubiläumsausstellung
von 1897 entworfene Badewanne

serne Badewanne besteigt, ist demnach niemand anderer als er selbst. Ist er zugleich auch der letzte? Wir wissen es nicht. Rastlos immer wieder neue Projekte entwickelnd, wendet sich Wagner nach kurzer Zeit von den alten ab: Die Wohnung in der Köstlergasse wechselt den Besitzer, wird Zug um Zug verändert. Und als eines Tages die Nachforschungen nach dem weiteren Schicksal der gläsernen Badewanne einsetzen, ist es dafür zu spät: Das kostbare Stück bleibt unauffindbar. Fassade und Stiegenhaus verraten auch nach hundert Jahren die Handschrift des Meisters – bis hin zu den Stukkaturen, den gemusterten Steinfußböden, dem Treppengeländer, den Eingangstüren, den Etagenlampen, dem noch immer mit der Aufschrift »Signal-Apparat« versehenen Klingelbrett. Nur zu »Schneewittchens Sarg« führt keinerlei Spur.

Das Lotterbett der Lina Loos

Sie sind die besten Freunde: Adolf Loos und Peter Altenberg. Hier der rigide Architekturreformer und Ge-
schmackspädagoge, dort der schrullige Feuilletonist und Bohemien. Beide sind von der jungen Schauspielelevin, die sie
da zum erstenmal auf der Bühne erleben, hingerissen: »Das
Firmament hat sich aufgetan, und Gott sagt: Sehet – ein
Mensch!« Lina ist die jüngere Tochter des Wiener Kaffeesie-
ders Obertimpfler, in dessen »Casa piccola«, Mariahilferstraße 1, vor allem Künstlervolk verkehrt.

Als die Neunzehnjährige im Sommer 1902 dem zwölf Jahre
älteren Loos vorgestellt wird, macht an dessen Stammtisch
gerade eine russische Tabakdose die Runde, die er kürzlich
zum Geschenk erhalten hat. Auch Lina darf das kostbare
Stück bewundern, doch bei ihrem Versuch, es zu öffnen, pas-
siert das Malheur: Der Behälter zerbricht. Wie kann sie den
Schaden wiedergutmachen? Loos zögert nicht mit der Antwort: »Indem Sie mich heiraten!«

Drei Monate später sind die beiden Mann und Frau, in der
Liechtensteinschen Schloßkapelle zu Eisgrub in Mähren fin-
det die Trauung statt, in der Wiener Pension Pohl nahe dem
Rathaus beziehen sie ihr erstes gemeinsames Quartier. Doch
Loos wäre ein schlechter Architekt, böte er seiner Angebete-
ten nicht ein eigenes Heim: Im fünften Stock des Hauses
Giselastraße 3 zwischen Kärntnerring und Karlsplatz (heute
Bösendorferstraße) richtet er für sich und seine Frau eine
Wohnung ein, bei der vor allem dem Schlafzimmer sein be-
sonderes Augenmerk gilt. Halb Thronsaal, halb Kammer-
spielbühne, ist der Raum weiß getüncht, sämtliche Möbel

sind mit weißem Batist verhüllt, weiße Angorafelle bedecken Ruhestatt und Fußboden. Normalerweise penibel auf den Schutz seiner Privatsphäre bedacht, macht Loos in diesem Fall eine Ausnahme und tritt mit seiner Kreation an die Öffentlichkeit: Unter dem Titel »Das Schlafzimmer meiner Frau« erscheint in der Zeitschrift »Kunst« eine Photographie des zum feierlichen Schrein hochstilisierten Boudoirs.

Um so größer der Schock, als nach zwei Jahren Ehe aufkommt, Lina Loos habe ihren Mann an eben diesem Ort aufs schändlichste betrogen: Die inzwischen Einundzwanzigjährige will mit ihrem heimlichen Liebhaber, dem Gymnasiasten Heinz Lang, Sohn der nachmals berühmten Frauenrechtlerin Marie Lang, ein neues Leben beginnen. In England, wo der Achtzehnjährige, zum Schein auf Maturareise, ihr Kommen erwartet, platzt die Affäre: Lina selber reicht die Scheidung ein und geht für einige Monate nach Amerika; Heinz Lang, von einem vernichtenden Brief des gehörnten Ehemannes und einer zynisch-leichtfertigen Suizidaufforderung des gemeinsamen Freundes Peter Altenberg in die Enge getrieben, gibt sich die Kugel.

Schülerselbstmorde sind um diese Zeit keine Seltenheit. Hier aber, wo so viele große Namen im Spiel sind, weitet sich der Fall zum Gesellschaftsskandal: Hugo von Hofmannsthal, auch er einer aus der Clique um Loos, gibt in einer zornerfüllten Tagebucheintragung seiner Betroffenheit Ausdruck, und Arthur Schnitzler macht daraus gar ein Theaterstück. Der zügellose Jüngling aus bestem Wiener Hause, den sein »Frühlingserwachen«, durch ein unbedachtes Wort des »Ratgebers« Peter Altenberg vollends enthemmt, in den Freitod führt, ist für den Autor solcher Seelendramen wie »Liebelei« und »Das weite Land« der ideale Stoff.

»Das Wort« (so der Titel des Schlüsselstückes, in dem Peter Altenberg zu einem Anastasius Treuenhof, Adolf und Lina

Loos zu einem Ehepaar Zack und der Maturant Heinz Lang
zu einem Maler Willi Langer verfremdet werden) bleibt allerdings Fragment: Um keinem der Beteiligten zu schaden,
schreibt Schnitzler es weder zu Ende, noch denkt er daran,
es je für eine Aufführung freizugeben. Erst achtunddreißig
Jahre nach seinem Tod kommt die »Tragikomödie in fünf Ak-
ten«, von Friedrich Schreyvogl fertiggestellt, auf die Bühne.
Unter Ernst Haeussermans Regie tritt die erste »Josefstäd-
ter« Garnitur auf: Leopold Rudolf, Kurt Heintel, Eva Kerb-
ler, Vilma Degischer. Ein junger Schauspieler, der seine große
Karriere noch vor sich hat, schlüpft in die Rolle des Ehebre-
chers und Selbstmörders – sein Name: Klaus Maria Brand-
auer.

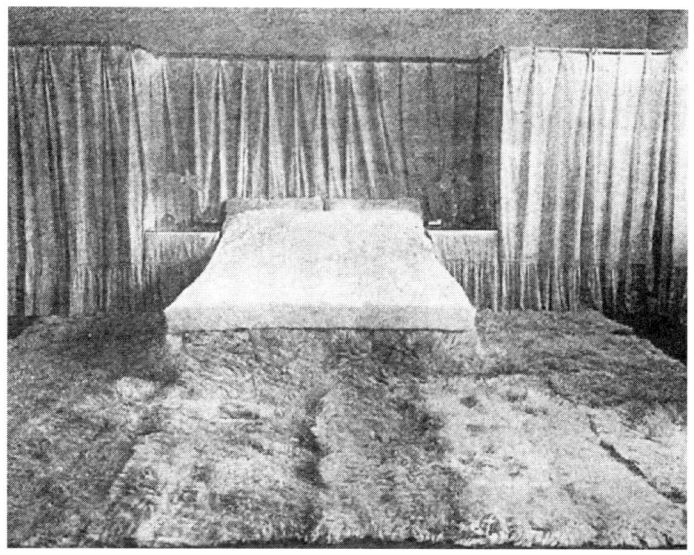

*1903 in der Zeitschrift »Kunst« abgebildet, im Jahr darauf Schauplatz
eines der spektakulärsten Gesellschaftsskandale des damaligen Wien: das von
Adolf Loos für seine Frau Lina entworfene Schlafzimmer*

Und wie geht's im wirklichen Leben weiter? Heinz Lang wird im September 1904 auf dem Friedhof von Kidderminster westlich von Birmingham (in nächster Nähe seines Sterbeortes) bestattet; Lina Loos, von ihrem Exgatten auch über die Trennung hinaus leidenschaftlich verehrt, kehrt aus den USA nach Wien zurück (und wird sich später neben ihrer Bühnenkarriere auch als Schriftstellerin einen Namen machen); Adolf Loos geht mit der Tänzerin Elsie Altmann eine zweite Ehe ein. Die Wohnung in der Giselastraße samt dem »entehrten« Schlafgemach bleibt weiterhin in Gebrauch, wird erst fünfundzwanzig Jahre nach Loos' Tod aufgelöst, landet zum Teil in der Mobiliensammlung des Historischen Museums der Stadt Wien. Und das »corpus delicti«, das Bett? Für die große Wiener Loos-Gedächtnisausstellung des Jahres 1989 wird es an Hand der Originalentwürfe von 1903 nachgebaut: Das Publikum darf noch ein letztesmal den Kitzel eines der schrillsten Skandale im Fin-de-siècle-Österreich genießen ...

Virtueller Untermieter

In diesem Kapitel geht es um Möbelstücke, die es weder gibt noch je gegeben hat noch je geben wird: Oskar Kokoschkas virtuelles Untermietzimmer in der Villa Kreisky. Wären nicht zwei der herausragendsten Respektabilitäten des neueren Österreichs die Akteure und ein schmerzliches Kapitel Vergangenheitsbewältigung der Hintergrund der Geschichte, könnte man von einem Lausbubenstreich zweier älterer Herren sprechen. So viel steht fest: Kein noch so hochgradiges Grundsatzreferat, kein noch so profundes Konferenzprotokoll wüßte Treffenderes über den »Sonnenkönig« der Zweiten Republik auszusagen als dieses staatspolitische Capriccio der frühen Siebzigerjahre ...

Doch blenden wir zunächst zurück: Wien 1934. Der achtundvierzigjährige Oskar Kokoschka verläßt nach dem Tod seiner Mutter Österreich und übersiedelt nach Prag. Dort an seiner Seite: die Jus-Studentin Olda Palkovska. Die verhinderte Kunsthistorikerin macht ihren Doktor der Rechte, nun wollen die beiden heiraten. Doch die düsteren Zeitläufte verlangen ihnen zuvor noch einen anderen folgenreichen Schritt ab: Beide erklärte Gegner des Nationalsozialismus, emigrieren O & O nach England. Zur Trauung kommt es erst mitten im Krieg: Das Standesamt ist in einem Londoner Luftschutzkeller untergebracht, die »Hochzeitsreise« führt ins Kino ums Eck. Aus dem Österreicher und der Tschechin werden britische Staatsbürger. Und britische Staatsbürger bleiben sie auch, als sie 1950 beschließen, sich im Schweizer Kanton Waadt niederzulassen: im eigenen Chalet am Genfer See. In der alten Heimat macht sich der Meister unterdessen weiterhin rar – auch, als dort längst wieder demokratische Verhältnisse eingezogen sind. Zwar gäbe es Einladungen genug, doch sucht er sich seine Gesprächspartner mit aller Sorgfalt aus: Als im Frühjahr 1971 die große Kokoschka-Retrospektive im Oberen Belvedere eröffnet wird, ist OK bei Bruno Kreisky zum Tee. Der seit einem Jahr als Kanzler amtierende Kokoschka-Verehrer sähe es gern, wenn der »verlorene Sohn« wieder die österreichische Staatsbürgerschaft annähme. Doch die geltenden Gesetze verlangen von dem Kandidaten, daß er sich aktiv um die Neuverleihung bemüht. Kokoschka hingegen steht auf dem Standpunkt, sie stünde ihm automatisch zu, seitdem Hitler, der ihn ausgebürgert hat, von der politischen Bühne abgetreten ist. Mit einem eigenen An-

Herrn
Stadtrat
Kurt HELLER   Wien, am 1. März 1974

Rathaus
1082   W i e n

    Sehr geehrter Herr Stadtrat!
    Lieber Freund!

        Ich teile Dir mit, daß Herr Professor Oskar
    KOKOSCHKA mit dem heutigen Tage in meiner Wohnung
    in Wien 19., Armbrustergasse 15, seinen ordent-
    lichen Wohnsitz begründet hat.

        Mit den besten Grüßen

»Fortgesetzte Irreführung der Behörden«: Kreiskys Phantommeldung ans Amt der Wiener Landesregierung

suchen bei der Wiener Landesregierung vorstellig zu werden, verbietet ihm sein Stolz.

Da nimmt Kreisky die Sache, die ihm längst zur Herzensangelegenheit geworden ist, persönlich in die Hand und bastelt heimlich, still und leise an einer eigenen Lex Kokoschka, die es ermöglicht, daß nicht nur der Bewerber selbst, sondern an dessen Stelle auch ein Dritter die Wiedereinbürgerung betreibt.

Voraussetzung ist allerdings in jedem Fall, daß der Betreffende in der Republik Österreich über ein Domizil verfügt, und davon kann bei Kokoschka keine Rede sein. Was also tun? Kreisky meldet den Künstler kurzerhand als Untermieter in seinem Haus an! Daß er sich damit der fortgesetzten Irreführung der Behörden schuldig macht, nimmt er in Kauf. OK, der zu keinem Zeitpunkt auch nur eine Sekunde in der Kreisky-Villa in der Armbrustergasse gewohnt hat, erfährt von dem listigen Manöver erst, als er Ende März 1974 die frisch ausgestellte österreichische Staatsbürgerschaftsurkunde in Händen hält. Ebenso gerührt wie amüsiert dankt er dem »verehrten Herrn Bundeskanzler« für den »unerwarteten Federstrich«, den man auch »einen Handstreich« nennen könnte, »noch lebendig der Republik Österreich einverleibt« worden zu sein, und gibt zugleich der Hoffnung Ausdruck, daß er sich damit zum letzten Mal habe »häuten« müssen:

»Hausgast« Oskar Kokoschka dankt seinem Quartiergeber
für dessen »Handstreich«.

»Denn ich nähere mich meinem hundertsten Jahr eines oft recht bewegten Lebens auf Erden.«

Bei jeder künftigen Gelegenheit wird der Altneuösterreicher Oskar Kokoschka auf den Kanzler-Coup zu sprechen kommen, und Briefe in die Armbrustergasse 15 unterzeichnet er mit »Ihr sehr ergebener Hausgast«. Aber auch Kreisky läßt es sich nicht nehmen, anläßlich der Eröffnung einer Kokoschka-Ausstellung in der Wiener BAWAG-Galerie im Sommer 1978 das Geheimnis um sein Untermiet-Phantom zu enthüllen: »Es war ein ungeheuer kompliziertes Lügengewebe, mit dem wir diesen großen Österreicher getäuscht haben. Aber da hat der Zweck ausnahmsweise die Mittel geheiligt.«

1994, vierzehn Jahre nach Kokoschkas und vier Jahre nach Kreiskys Tod, kommt es noch zu einer Art Nachspiel: Witwe Olda stattet der Döblinger Villa, die sich inzwischen in ein »Bruno-Kreisky-Forum für internationalen Dialog« verwandelt hat, einen Freundschaftsbesuch ab und übergibt dessen Generalsekretärin (und vormaliger Kreisky-Assistentin) Margit Schmidt eine Kreidelithographie aus dem Kokoschka-Nachlaß: »Selbstbildnis mit Faunskopf«. So hält der berühmte »Untermieter« also doch noch verspätet Einzug im Haus seines Gönners: als Wandbild im einstigen Kreisky-Wohnzimmer im ersten Stock. Und daneben hängt, ebenfalls unter Glas, das Original des Dankbriefes vom 25. März 1974. Nur über die Möblierung des Kokoschka-Zimmers ist keinerlei Auskunft möglich: Es existiert nicht. Und hat nie existiert – außer auf dem Papier.

»Bauen Sie mir ein Haus um einen Riesenkamin!«

Was tut ein Architekt, der den Auftrag erhält: »Bauen Sie mir ein Haus um einen Riesenkamin!«? Er läßt mächtige Granitblöcke heranschaffen und eine offene Feuerstelle mauern, deren Wandung die komplette Längsseite des künftigen Wohnzimmers einnimmt. Und da es sich bei der Bauherrin um die Muse aller Musen, um Alma Mahler handelt, muß das Ganze natürlich auch künstlerisch verbrämt sein: Oskar Kokoschka steuert ein monumentales Fresko bei, in dem sich das Flammenspiel fortsetzt – »mich zeigend, wie ich in gespensterhafte Helligkeit zum Himmel weise, während er in der Hölle stehend von Tod und Schlangen umwuchert scheint«.

Die zweistöckige Villa mit dem zum Arbeitsatelier ausgebauten Dachboden fällt auch sonst aus dem Rahmen: Die Säulenreihe, die die gedeckte Terrasse des Erdgeschosses säumt, hat Frau Alma den amerikanischen Landhäusern abgeschaut, die sie bei den Überseegastspielen ihres Mannes kennengelernt hat. Doch mit das Schönste an dem exzentrischen Projekt ist die Aussicht: der Blick vom Kreuzberg auf die Rax-Alpe. Seit seinem Kuraufenthalt im Hotel Edlacherhof ist Gustav Mahler – noch amtiert er als Direktor der Wiener Hofoper – auf der Suche nach einem geeigneten Baugrund. Endlich, im Oktober 1910, findet er ihn: nahe dem Orthof-Sattel in Breitenstein, dicht an der Gemeindegrenze zu Reichenau. Satte 30 000 Kronen ist ihm die Liegenschaft wert, obwohl dem Vorbesitzer das Recht eingeräumt wird, den Grund noch ein volles Jahr weiterzubewirtschaften.

Mahler erlebt die Realisierung seines Traumes nicht mehr:

Als Alma im Sommer 1914 in Breitenstein Einzug hält, ist er bereits drei Jahre unter der Erde. 139 000 Kronen und 100 000 Dollar Barvermögen hat er der inzwischen Fünfunddreißigjährigen hinterlassen; dazu kommt die ihr von der Oper gewährte Witwenpension. Das ersehnte Liebesnest für sie und Kokoschka, der mittlerweile Mahlers Platz eingenommen hat, wird es dennoch nicht: Über Almas Entschluß, im Salon die Totenmaske des Ehegatten aufzustellen (und außerdem das von OK empfangene Kind abzutreiben), kommt es zum Zerwürfnis: Die junge Witwe heiratet den Architekten Walter Gropius.

Doch auch dieser Beziehung ist keine Dauer beschieden: Alma Mahler wendet sich dem Dichter Franz Werfel zu, und für ihn, den elf Jahre Jüngeren, wird das Landhaus im Süden Wiens für die folgenden zwei Jahrzehnte zur Lebensmitte. Hier schreibt er die Dramen »Spiegelmensch« und »Bocksgesang«, »Paulus unter den Juden« und »Juarez und Maximilian« sowie die Romane »Die Geschwister von Neapel« und »Die vierzig Tage des Musa Dagh«. Hofmannsthal und Schnitzler kommen zu Besuch, desgleichen die Kollegen Zuckmayer, Gerhart Hauptmann und Franz Blei, die Komponisten Schönberg, Krenek, Pfitzner und Alban Berg. Der Maler Carl Moll, ein Schüler ihres Vaters (und seit 1897 Almas Stiefvater), stellt auf der Wiese vorm Haus seine Staffelei auf und hält das Anwesen samt Baumbestand und Voralpenpanorama in leuchtenden Ölfarben fest. Selbst der so betriebsamen Hausfrau wird's zeitweise »zu bevölkert«: »Diese einsamen Villen auf einem schönen Platz am Berg sind entweder das Ziel aller Ausflügler oder ganz vereinsamt – eine Mitte scheint es nicht zu geben.«

Über das Leben in Breitenstein schreibt sie in ihren Erinnerungen: »In jedem Zimmer wurde gearbeitet, Vorhänge auf der Maschine genäht, aufgehängt. Meine Mutter kochte, am Abend saß man um den Kamin, las vor oder musizierte. Auch

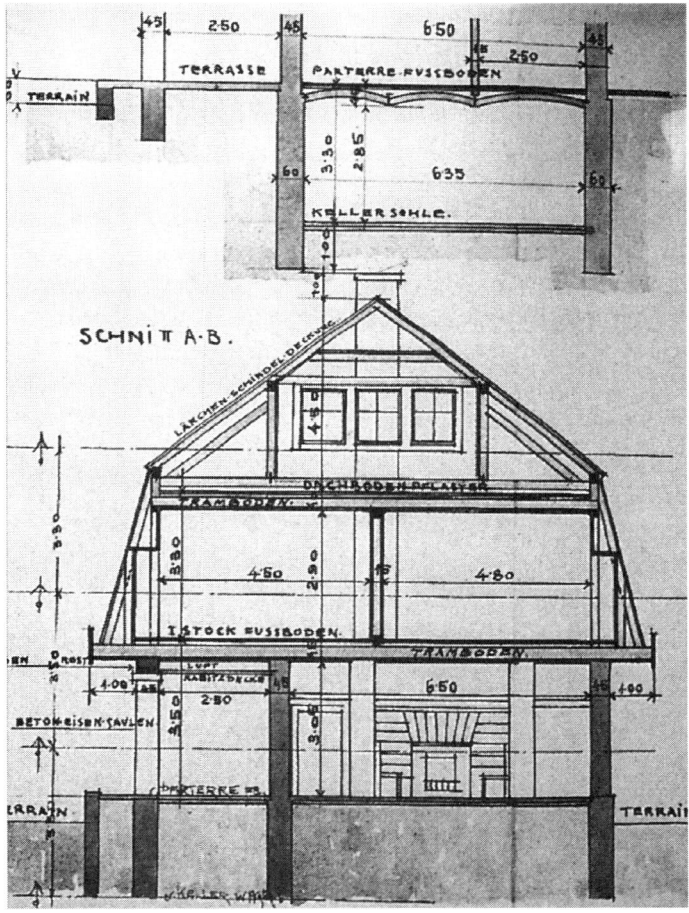

*»Haus Mahler« in Breitenstein: Der Kamin ist zugemauert,
das Fresko verschwunden.*

am Agrarischen findet Alma Geschmack: »Ich habe mir viel Arbeit gemacht in den letzten Tagen: Erdäpfel ausgenommen, Äpfel im Keller auf Stroh gelegt, Rüben.« Da es zu dieser Zeit weit und breit keinen Greißler gibt, versucht man sich in autarker Haushaltsführung. Alles Übrige schleppt »Perle« Agnes Huizd (der Franz Werfel später unter dem Namen Teta Linek in seinem Roman »Der veruntreute Himmel« ein Denkmal setzen wird) aus der Stadt herbei: Bepackt mit dem großen Naschmarktkorb und spagatverschnürten Kartons, zwängt sie sich ins enge Abteil des Südbahnzuges, der Hausdiener holt sie mit der Kutsche von der Bahnstation ab.

1938 hat es mit dem ländlichen Idyll ein Ende: Franz Werfel und Alma Mahler, seit Sommer 1929 auch vor dem Gesetz Mann und Frau, emigrieren in die USA, der Besitz wird arisiert. Bei Kriegsschluß von Soldaten der Roten Armee requiriert, wird das »Haus Mahler« zunächst ein sowjetisches Gewerkschaftsheim, später Feriendomizil für die Belegschaft der Korneuburger Schiffswerft, schließlich geht es in Privatbesitz über. Ein barbarischer Demolierungsakt folgt auf den anderen: Haben die Russen das Kokoschka-Fresko nur übermalt, so entfernen es die Österreicher vollends von der Wand und mauern den Kamin zu. Über seinen weiteren Verbleib kursieren unterschiedliche Berichte: Sprechen die einen von mutwilliger Zerstörung, so munkeln andere, das kostbare Unikat sei im Gegenteil kunstvoll abgetragen, fachmännisch zerlegt und in aller Stille an einen Kokoschka-Sammler veräußert worden (den manche in Amerika vermuten).

Seit 1995 hat das »Haus Mahler« in der Person der kunstsinnigen Wiener Unternehmerin Christine Jacobsen eine neue Besitzerin, und sie scheut weder Kosten noch Mühe, das lange Zeit desolate Anwesen stilgerecht zu restaurieren. Freilich mit Abstrichen: Kamin und Fresko, einst die beiden Glanzlichter des Musentempels, sind unwiederbringlich dahin.

Eiserne Reserve

Am Michaelerplatz geht zum letzten Mal der Bühnenvorhang auf: Wien nimmt Abschied vom alten Burgtheater. Charlotte Wolter spielt die Titelrolle in Goethes »Iphigenie auf Tauris«, Adolf Sonnenthal spricht den Epilog. Insbesondere für manch einen aus dem Ensemble ist dieser 12. Oktober 1888 ein schwarzer Tag: Im neuen Prunkbau am Ring fühlt man sich wie ein Ausgestoßener. Nicht nur, daß das vor hundertsiebenundvierzig Jahren von Maria Theresia gegründete »Theater nächst der Burg« seinen Platz dicht »bei Kaisers« hat, gelten auch die dort beschäftigten Künstler als hoffähig: Seine Majestät sorgt sich um sie wie ein Vater, kommt für ihre Schulden auf, übernimmt die Patenschaft für ihren Nachwuchs.

Das alles soll mit einem Schlag vorbei sein? Um wenigstens die Erinnerung an die gute alte Zeit in die ungewisse neue hinüberzuretten, setzt, als es mit dem Abriß des Hauses am Michaelerplatz ernst wird, ein Run auf Reliquien ein: Jeder sichert sich ein Stück vom einstigen Gemäuer, vom einstigen Inventar. Vor allem die Schauspieler decken sich mit Memorabilien ein: Der eine trägt das Türschild mit seiner Garderobenummer heim, der andere das Pult aus dem Souffleurkasten, besonders begehrt sind die Klappsessel aus dem Zuschauerraum. Auch eine Lampenputzschere, ein Sektglas von der auf der Bühne veranstalteten Abschiedsfeier, ja sogar der Klo-Schlüssel landen in den Domizilen der Damen und Herren Hofschauspieler und erhalten Ehrenplätze in deren Wohnzimmerkredenz. Wer zu spät kommt, muß sich mit einem Stückerl Marmorsäule begnügen, einem aus der Logenverzierung herausgebrochenen Akanthus, einem Fetzen Originaltapete oder einem Ziegel, der fortan als Briefbeschwerer dient. Stars wie Ludwig Gabillon, Josef Lewinsky und Katharina Schratt verewigen sich auf dem Fensterbrett der verwaisten Portierloge mit ihrem Namenszug, der Programmzettel von der »Schlußvorstellung im alten Hause« wird in einen Holzrahmen gefaßt, der seinerseits aus Resten des Bühnenpodiums besteht.

Unter denen, die sich bei der »Plünderung« der Ruine besonders hervortun, ist der eifrigste der vierunddreißigjährige Hugo Thimig, und das hat einen sehr persönlichen Grund: Der aus Dresden zugewanderte Vollblutkomödiant, der schon mit zwanzig auf der Bühne des Hofburgtheaters steht, rasch zum Publikumsliebling avanciert, nun aber seit einiger Zeit von der jüngeren Konkurrenz in den Hintergrund gedrängt wird, verlegt sich, wenn ihm schon die ersehnten Rollen versagt bleiben, mit um so mehr Animo aufs Sammeln von Theatralia. Stück um Stück reißt er an sich, wessen er habhaft werden kann, bettelt manches den Kollegen ab, bringt alles auf Hochglanz. Aber nicht nur aus Sentimentalität oder um seine Frustration als unterbeschäftigtes Ensemblemitglied einzudämmen, macht er aus seiner Wohnung mit der Zeit eine einzigartige Privatgalerie: Thimig denkt auch an seine Familie. 1889 kommt Tochter Helene, 1890 und 1900 kommen die Söhne Hermann und Hans zur Welt; seine Schatzkammer soll, wenn einmal Notzeiten eintreten, eine Art eiserne Reserve sein.

Doch Hugo Thimigs Rechnung geht nur zum geringsten Teil auf: Als er sich – inzwischen zum begehrten Charakterdarsteller gereift, bald auch im Regiefach erfolgreich und von 1912 bis 1927 sogar Direktor des Hauses! – 1923 von seinen Kostbarkeiten trennt, um sie an die Nationalbibliothek zu veräußern, frißt ihm die Inflation den Großteil des Erlöses

Hugo Thimigs »Beutegut«: Klappsessel aus dem alten Burgtheater

wieder weg. Eines allerdings bleibt ihm: die Genugtuung, seiner Wahlheimat Wien damit den Grundstock des künftigen Österreichischen Theatermuseums verschafft zu haben.

Daß sich die »Sammlung Thimig« dort bis heute – vierundfünfzig Jahre nach dem Tod ihres Gründers – in den besten Händen befindet, zeigt sich schon daran, daß ihr in der von Dr. Agnes Pistorius gehüteten Dependance (I., Hanuschgasse 3, Dienstag bis Freitag 10 bis 12 und 13 bis 16, Samstag und Sonntag 13 bis 16 Uhr) ein eigener Saal eingeräumt ist. Weitere große Namen aus der Wiener Theatervergangenheit, deren im Hanuschhof mit ausgewählten Exponaten gedacht wird, sind die Komponisten Carl Michael Ziehrer und Emmerich Kálmán, der Schauspieler Josef Kainz, der Schriftsteller Hermann Bahr, die Operndiva Anna Bahr-Mildenburg, der Regisseur und Theaterdirektor Max Reinhardt sowie die Bühnenbildner Caspar Neher, Teo Otto und Fritz Wotruba.

Daß der Besucher den Eindruck gewinnt, eine Reihe von Grabkammern zu durchschreiten, ist beabsichtigt und im Falle Thimig auch besonders sinnreich: Den in »seiner« Prunkvitrine liebevoll ausgebreiteten Gegenständen ist unschwer das Glück anzusehen, das es für ihren Besitzer bedeutet hätte, sie als Grabbeigabe mit »hinübernehmen« zu dürfen. Für uns Nachgeborene ist es freilich die bessere Lösung, sie als öffentliches Ausstellungsgut erhalten zu wissen, und so können wir uns sogar des Anblicks solcher Raritäten erfreuen wie Hugo Thimigs Schreibpult aus dessen Direktionszimmer, seiner Spazierstockkollektion oder der Schatulle mit seinem ersten am Hofburgtheater verdienten Kreuzer …

Ein frommer Tausch

Als er am 16. Oktober 1886 auf dem elterlichen Prachtbesitz am Stadtrand von Saloniki zur Welt kommt, läßt sein Vater, der »Tabakkönig« von Mazedonien, die Glocken läuten, und alle Familienmitglieder, die Angestellten, ja sogar die Bauern aus der Umgebung werden in die Kirche beordert, um für den neuen Erdenbürger zu beten: Raoul Aslan. Und wenn der Elfjährige an der Seite seiner Mutter die Heimat verläßt, um sich im fernen Wien einer soliden humanistischen Ausbildung zu unterziehen, ist es neben der deutschen Sprache die katholische Glaubenslehre, die für ihn unter allen Bildungsgütern obenan steht: Keiner ministriert mit solcher Hingabe wie er, und, in den meisten anderen Fächern ein miserabler Schüler, bringt er in Religion stets ein »Ausgezeichnet« heim. Ob am Hietzinger Gymnasium oder am Horner Konvikt: Wenn es um die Frage des künftigen Berufsweges geht, kommt für den jungen Zuzügler vom Balkan nur zweierlei in Betracht: Diplomat oder Kardinal.

Raoul Aslan wird keines von beiden. Sondern Schauspieler. Aber die Zwiesprache mit Gott bleibt ihm zeit seines Lebens der höchste aller Werte. Auch, als er längst – seit 1920 dem Burgtheater angehörig und zwischen 1945 und 1948 sogar dessen Direktor – zum König der Mimen aufgestiegen ist, als erster mit dem Titel Kammerschauspieler ausgezeichnet, in seinem Atelier am Alsergrund (Strudlhofgasse 13) das endgültige Domizil gefunden hat, wird ihn jeden Morgen sein erster Weg in die Kapelle des Priesterseminars in der Boltzmanngasse führen, wo er der 7-Uhr-Messe beiwohnt und die heilige Kommunion empfängt.

Zu seinen engsten Vertrauten zählt der Domprediger Diego Götz, der regelmäßig ins Haus kommt, ihm die Beichte abzunehmen; mit dem Jesuitenpater Graf Gebhard Stillfried und dem Künstlerseelsorger Otto Mauer pflegt er intensive geistliche Gespräche; unter dem Namen »Bruder Michael« tritt er dem III. Orden der Franziskaner bei; und die Sammlung von Theatertexten und Rollenbüchern in seiner Privatbibliothek verschwindet hinter einer Überfülle von Bibeln, Traktaten und Gebetbüchern in den verschiedensten Idiomen. Am wichtigsten sind ihm die Predigten des Mystikers Meister Ekkehart: »Das lerne man in- und auswendig, und man hat genug für dieses Leben.«

Als der Fünfundvierzigjährige mit seinem Bühnenkollegen Tonio Riedl eine Lebensgemeinschaft eingeht, wird Aslan nicht eher ruhen, als bis auch der zwanzig Jahre Jüngere ihm auf diesem Weg folgt. »Wie groß ist meine Freude, daß nun auch Du zu beten lernst!« schreibt er ihm während des Krieges, als Riedl zum Militär eingerückt ist. Und wie tief ergreift ihn das Gründonnerstag-Hochamt von 1944, als Kardinal Innitzer im Stephansdom die Fußwaschung vornimmt – wie vorgeschrieben: an zwölf Greisen.

Es ist die Zeit, da auch in Österreich das kirchliche Leben immer stärkeren Behinderungen ausgesetzt ist: Für den Fall, daß die Nationalsozialisten eines Tages die Priester von ihren Altären verjagen, bildet das Wiener Seelsorgeamt in mehrmonatigen Kursen Laien zu Hilfsgeistlichen aus, die für Nottaufen und ähnliche Dienste gerüstet sind. Aslan ist einer von denen, die sich zweimal pro Woche zum Unterricht am Stephansplatz 3 einfinden.

Auch für ihn selber wird's von Tag zu Tag enger: Eine befreundete Dame, die Ohrenzeuge eines Telefonats zweier Gestapo-Spitzel geworden ist, rät Aslan zu erhöhter Vorsicht. »Das Beten wird ihm schon in Dachau vergehen!« hat sie den

einen der beiden raunen hören. Und in der Tat: Angriffs-
flächen bietet dieser überragende Künstler mehr als genug:
seine erklärte Gegnerschaft zum Regime, seine Nähe zur Kirche, seine allseits bekannte Hinneigung zum eigenen Geschlecht.

Wo er am wenigsten bereit ist, Abstriche zu machen, ist sein
religiöses Bekennertum. Überglücklich berichtet Aslan in einem seiner Briefe, wie es ihm in der Tiroler Sommerfrische
gelungen sei, seiner Quartiergeberin zwei über hundert Jahre alte Gebetbücher abzukaufen. Und zum siebenundfünf-

Hier beginnt für Raoul Aslan der Tag, und hier endet er:
sein geliebter Betschemel

zigsten Geburtstag macht er sich ein besonderes Geschenk, indem er den Schreibtisch aus seiner Burgtheatergarderobe abstößt und von dem 900-Mark-Erlös einen Betschemel erwirbt, der fortan einen festen Bestandteil seines Schlafzimmers bildet. Es ist eine neobarocke Nachbildung aus dem vorigen Jahrhundert: massive Eiche, sparsames Schnitzwerk, Kniepolster, Gebetbuchfach. Und an der Innenseite ein schlichtes großes Kreuz.

Jetzt, vier Jahrzehnte nach Raoul Aslans und drei Jahre nach Tonio Riedls Tod, ist das ehrwürdige Stück im Wiener Antiquitätenhandel aufgetaucht und wartet, vom Dorotheum auf S 18 000,- geschätzt, auf seinen neuen Besitzer. Die berühmte Barockengelsammlung – 106 Exemplare zählend und jedes mit einem eigenen Namen versehen – hat's schon früher in alle Winde zerstreut: Notverkäufe zuerst, später Legate. Geblieben ist einzig die Betbank. Ein außergewöhnliches Kapitel österreichischer Nachlaßpflege geht ins Finale.

Unter der Schulbank
Nagelfeile und Spiegel

Andere Absolventen der legendären Wiener Schauspielklasse Beer sind Berühmtheiten geblieben – auch über den Tod hinaus: Luise Ullrich, Hans Jaray. Und unter den noch Lebenden: Paula Wessely, Hans Holt. Sie aber ist so gut wie vergessen: Hertha Feiler. »War die nicht mit Heinz Rühmann verheiratet?« ist bei vielen das einzige, was sich an Erinnerung an sie erhalten hat – und auch das nur bei älteren Semestern.

Klassischer Fall von »Frau im Schatten«. Als ihr Mann am 7. März 1992 den 90. Geburtstag begeht und zweieinhalb Jahre darauf stirbt, wird ihm beide Male wie ein Nationalheros gehuldigt, die Bücher über sein Leben und Werk füllen ein komplettes Fach im Regal, seinem Nachlaß ist gar ein eigenes Museum gewidmet. Nur sie selber geht leer aus: Keinem der gängigen Lexika ist Hertha Feiler auch nur eine Zeile wert, und als sie 1970 vierundfünfzigjährig zu Grabe getragen wird, bleibt an ihrem Bronzekreuz auf dem Münchner Waldfriedhof sogar der Name ausgespart.

Selbst in ihrer Heimatstadt Wien kostet es Mühe, noch Spuren dieser einst gefeierten Schauspielerin auszumachen, die in jungen Jahren – Rollenfach Salondame – als die schönste Frau des deutschen Films gilt. Einzige Ausnahme: ein grauer Aktenschrank im Schularchiv …

Ihr Elternhaus steht in der Weimarer Straße 5, der Vater ist Bauingenieur bei den Bundesbahnen, die Mutter, aus reichem Haus stammend, muß, da die Ehe einen unglücklichen Verlauf nimmt, das einzige Kind mit eigenen Einkünften als

Französischlehrerin durchbringen. An nichts soll es ihr fehlen: Von allen Mädchen ihres Jahrgangs trägt sie die mit Abstand schicksten Kleider, schon mit sechzehn darf sie sich auf einem der Wiener Nobelbälle zeigen.

»Deutsche Mittelschule für Mädchen« heißt die Lehranstalt in der Haizingergasse zu der Zeit, da Hertha Feiler, Geburtsjahrgang 1916, in die Sexta eintritt. Daß sie in ihrer Klasse die erste ist, die unter der Schulbank stets auch Nagelfeile und Spiegel parat hat, tut ihren Lernerfolgen keinen Abbruch: In sämtlichen Fächern – darunter Schönschreiben, Gesang und Handarbeit – schließt sie mit »Sehr gut« ab, die Matura besteht sie mit Auszeichnung.

Nach Absolvierung der Schauspielschule geht sie nach Paris, sogar von einem Angebot aus Hollywood wird gemunkelt. Da tritt der sechsunddreißigjährige Heinz Rühmann in ihr Leben: Der vierzehn Jahre Ältere, mit Filmen wie »Die drei von

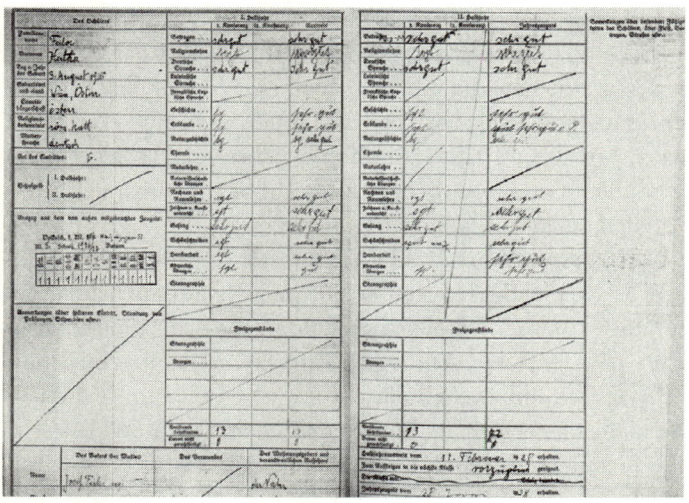

Vorzugsschülerin Hertha Feiler: lauter »Einser«

der Tankstelle«, »Lumpazivagabundus« und »Der Mustergatte« bereits ein umjubelter Star, will ins Regiefach wechseln. Doch sein Debüt mit dem Lustspiel »Lauter Lügen« verzögert sich: Für die Hauptrolle der Garda (an der Seite von Albert Matterstock, Fita Benkhoff, Hilde Weissner, Johannes Riemann und Paul Bildt) wird noch nach dem passenden Frauentyp gesucht. »Damenhaft apart, berückend naiv, jedoch nicht verwirrend extravagant« – so lautet die Rollenbeschreibung des Besetzungsbüros der Terra-Filmproduktion. Die Wahl fällt auf die Wienerin Hertha Feiler, Hals über Kopf tritt die Zweiundzwanzigjährige die Reise von Paris nach Berlin an. Und kaum ist der Streifen abgedreht, kommt es auch im Privatleben der jungen Künstlerin zur schicksalhaften Wende: Heinz Rühmann und Hertha Feiler heiraten, in »Hauptsache glücklich« stehen sie erstmals gemeinsam vor der Kamera, auf einem Prachtbesitz am Kleinen Wannsee gründen sie ihren Hausstand, 1942 kommt Sohn Peter zur Welt. Hat sich Rühmann auf Drängen Hermann Görings noch von seiner ersten Frau, der Jüdin Maria von Bernheim, scheiden lassen »müssen«, so ist er den NS-Machthabern inzwischen so unentbehrlich geworden, daß man über den »dunklen Punkt«, den auch Hertha Feilers Arier-Paß aufweist, gnädig hinwegsieht.

Auch nach dem Krieg – der Berliner Besitz geht im Bombenhagel unter, man übersiedelt nach Grünwald bei München – bleibt die Ehe allen Anfechtungen zum Trotz intakt. Doch während der notorische Egozentriker Heinz Rühmann auf der Bühne wie beim Film weiter von Erfolg zu Erfolg eilt, werden die Rollen für Gattin Hertha mit den Jahren spärlicher. Schließlich fast nur noch »Frau Rühmann«, die ihren Mann sowohl zu seinen Engagements wie auf seinen Privatreisen (zuletzt einer Safari in Ostafrika) begleitet und ihm das frischerworbene Ferienhaus an der Côte d'Azur einrichtet, wird sie 1970 von einem schweren Krebsleiden heimgesucht, und drei Monate nach dem 54. Geburtstag ist Hertha Feilers Lebensuhr abgelaufen.

Die Freunde in Österreich erfahren davon erst nach dem in aller Stille abgewickelten Begräbnis – tief geschockt. Denn nirgendwo hatte sie so unbeschwert zu ihrer alten Fröhlichkeit zurückgefunden wie hier: wenn sie zu den Rühmann-Premieren auf Kurzbesuch nach Wien kam, im Sacher logierte, bei Adlmüller ihre Garderobe aufstockte, bei Toni Karas in Sievering in die geliebten Wienerlieder mit einstimmte oder vom gemeinsamen Alterssitz am Attersee träumte (für den man schon den Baugrund erworben hatte).

Heute lebt der Name Hertha Feiler nur noch in der Erinnerung jener mittlerweile betagten Kinobesucher fort, die sie in ihren Filmen gesehen haben. Die Feilergasse in Grinzing ist nicht nach ihr benannt, sondern nach dem Kasinobetreiber Franz von Feiler.

Mit ihrem Mann Heinz Rühmann 1941 in dem Film »Hauptsache glücklich«

Das Privatmuseum
der »heiligen Elisabeth«

Eine »finstere Röhr'n« hat er seine Geburtsstadt Wien einmal genannt. Jetzt, die letzten vier Jahre seines Lebens, ist sie wieder sein Wohnsitz: Trautsongasse 3, erster Stock. Ein paar Schritte nur und man ist im Park des Palais Auersperg. Und für die Sommermonate gibt's das Retiro in der Wachau: das Haus in Thallern.

Das alles hört sich schöner an, als es ist: Oskar Werner ist nur mehr ein Schatten seiner selbst. Mit Ausnahme einiger weniger Rezitationsabende, an denen er noch zu seiner alten Hochform aufläuft, gehen alle seine Theaterprojekte schief, er zerstreitet sich mit Gott und der Welt, die Medien weiden sich am Scheitern des verkommenen Genies, sein Alkoholismus nimmt lebensbedrohende Formen an, alte Freunde rücken von ihm ab.

Unter den wenigen, die mit schützender Hand die Katastrophe aufzuhalten versuchen, ist seit kurzem eine fünf Jahre ältere Frau, Oskar Werners wichtigste Bezugsperson – nicht umsonst nennt er sie »die heilige Elisabeth«.

Dr. Elisabeth Winkler, Ärztin und Universitätsdozentin in Wien. Sie hört ihm zu, wenn er bei ihr in der Billrothstraße 53 Zuflucht sucht, sie spricht ihm Mut zu, und sie ist rund um die Uhr für ihn da, wenn er Hilfe braucht – sei es, daß er die kommende Nacht nur mit Beruhigungsmitteln übersteht, sei es, daß wieder eine Querele auszubügeln ist, mit der er irgend jemanden vor den Kopf gestoßen hat. Als Medizinerin sieht sie klarer als andere, wohin sein Weg führt: Ist Oskar Werner noch zu retten?

Als der knapp Zweiundsechzigjährige am 23. Oktober 1984, vor Antritt einer Vortragstournee durch Deutschland, in seinem Marburger Hotelbett für immer einschläft, ist sie es, die als letzte mit ihm telephoniert und die auch die Überführung des Leichnams an den vormaligen Wohnsitz in Liechtenstein organisiert: Oskar Werners späte Muse.

»Er war der liebste, herzlichste Mensch der Welt«, gibt sie zu Protokoll, als sie vier Jahre später von der Autorin eines Oskar-Werner-Gedenkbuches um ein Statement gebeten wird. »Aber wenn sein Dämon kam ...« Mehr will sie zu diesem Zeitpunkt nicht sagen: Noch immer sitzt der Schmerz um den Verlust zu tief. Erst 1992, als mit einer Ausstellung in der Villa Arenberg, der Salzburger Max-Reinhardt-Forschungs- und Gedenkstätte, seines 70. Geburtstages gedacht wird, gibt sich die mittlerweile Vierundsiebzigjährige zu erkennen: In der Liste der Leihgeber scheint auch der Name Elisabeth Winkler auf. Sie steuert den Lorbeerkranz vom Burgtheater-»Tasso« bei, das Hamlet-Kostüm von der Salzburger Festspielaufführung 1970 (bei der Oskar Werner auch Regie geführt hat), den Keramikteller, in den sie die Namen seiner wichtigsten Rollen hat einbrennen lassen, dazu etliches an Dokumenten aus der letzten Zeit, in der er immer öfter sich auch schriftstellerisch versucht hat.

Ergreifendstes Beispiel: der Entwurf eines Filmdrehbuchs über das Schicksal jenes österreichischen Schauspielers Leo Reuß, der, in Deutschland tätig, 1933 in die Heimat zurückkehrt, als Jude auch hier kein Engagement findet, in seiner Verzweiflung die Identität wechselt, sich einen Bart wachsen und sein Haar blond färben läßt, sich einen urwüchsigen Dialekt zulegt, als vorgeblicher Tiroler Bauer unter dem Namen Kaspar Brandhofer dem Direktor des Theaters in der Josefstadt, Ernst Lothar, seine Dienste anbietet und tatsächlich in der Rolle des Herrn von Dorsday in Schnitzlers »Fräulein

Else« triumphal debütiert, bis schließlich der Schwindel auffliegt: Leo Reuß alias Kaspar Brandhofer geht nach Amerika ins Exil (und macht unter dem Namen Lionel Reuss Karriere beim Film).

Wie so vieles in Oskar Werners letzten Lebensjahren bleibt auch dieses Projekt ein Traum und das Filmskript ein Stück schmerzlicher Erinnerung, das Elisabeth Winkler auf gutes Zureden der Veranstalter für die Salzburger Gedächtnisausstellung herausrückt. Keine ist würdiger, dieses erschütternde Dokument des Scheiterns zu bewahren, als sie: die Welser Spediteurstochter, die 1940 an der Universität Wien ihren Doktor macht, sich in dem zu dieser Zeit noch strikt männlich besetzten Fach Chirurgie etabliert, dem berühmten Leopold Schönbauer assistiert, 1961 die Venia legendi erwirbt und fortan praktizierend wie lehrend der neuen Sparte Pla-

Oskar Werners letzte Muse: Elisabeth Winkler bei der Eröffnung der Salzburger Gedenkausstellung 1992 (ganz rechts, neben Kammerschauspieler Josef Meinrad)

stische Chirurgie mit zum Durchbruch verhilft. Als Elisabeth Winkler zu Silvester 1995 achtundsiebzigjährig in Kitzbühel stirbt, wissen nur wenige Eingeweihte, daß sich hinter der diskreten Formulierung der Parte, die die »unendliche Liebe und Fürsorge« der Toten hervorhebt, insbesondere ein Name verbirgt, um den sich diese außergewöhnliche Frau wie keine zweite verdient gemacht hat: Oskar Werner. Als dessen »heilige Elisabeth«.

Es gebe Leute, die sich ihn als Orchidee ins Knopfloch stecken wollten, hat er einmal in einem Interview gesagt. »Aber ich bin keine Orchidee. Sondern eine stachelige Rose.«

Elisabeth Winkler hat sich mit der stacheligen Rose begnügt. Hat sie vor dem Verwelken zu bewahren, hat sie zu okulieren versucht. Aber leider – sie kam zu spät.

Grammophonschrank und Tortenbuffet

In der großen Zeit der Wiener Oper zwischen Jahrhundert-wende und Weltkrieg II ist sie eine der größten. Vom Publikum angebetet, von den Konkurrentinnen gehaßt: Maria Jeritza. Den Fans, die ihr am Bühnentürl auflauern und dabei zu kurz kommen, bietet sich ab Sommer 1925 eine neue Chance, ihres Idols »habhaft« zu werden: Sie pilgern an den Attersee, wo die jetzt Siebenunddreißigjährige sich niedergelassen hat, und pirschen sich per gemietetem Ruderboot ans Ufer heran – in der bangen Hoffnung, in einem glücklichen Augenblick der Vergötterten ansichtig, ja vielleicht sogar eines huldvollen Kußhändchens von ihr gewürdigt zu werden.

Viel, sehr viel hat sich geändert in den fünfundsiebzig Jahren seither, nur eines nicht: Wer der Jeritza »nachsteigen« will, muß noch immer den Tagesausflug ins Salzkammergut auf sich nehmen: Auch fünfzehn Jahre nach ihrem Tod ist das kleine Unterach ein einziger Jeritza-Reliquienschrein. Seit 1966 im Eigentum eines kunstsinnigen Mühlviertler Dentisten, ist der prachtvolle, blumengeschmückte Besitz an der nach ihr benannten Uferstraße nach wie vor mit Originalmobiliar vollgestopft: den kostbaren Teppichen, Gobelins und Gemälden der passionierten Antiquitätensammlerin, dem riesigen, aus Hirsch- und Elchgeweih gefertigten Luster, dem »Maria-Theresia-Speisezimmer« und der »amerikanischen Küche«. Am Stutzflügel in der Halle hat sie ihre Rollen einstudiert, auf der Balustrade des Obergeschosses ihre Auftritte geprobt. Und am Grammophonschrank den Stimmen ihrer Partner gelauscht.

Damit auch die heutigen Touristen einen Hauch von der einzigartigen Aura der Unteracher Ehrenbürgerin (und späteren Wahlamerikanerin) mitbekommen, wird ein Teil der Jeritza-Hinterlassenschaft per Leihgabe der oberösterreichischen Landesausstellung »Künstlerschicksale« einverleibt, die 1996 die sommerlichen Besucherströme nach Schloß Mondsee lenkt.Und was gibt es da nicht alles zu bestaunen – bis hin zum Frisiertisch der Göttlichen, ihren Hutständern, ihren wagenradgroßen Kopfbedeckungen. Und natürlich, mittendrin, der Musikschrank: ein Luxusmodell der Marke Victrola, den seinerzeit die Victor Talking Machine Company, besser bekannt unter dem Namen »His Master's Voice«, von New Jersey nach Österreich geliefert hat. Auch ohne seine prominente Besitzerin wäre das altertümliche Stück aus geschnitztem Nußholz, das noch mit der Handkurbel in Betrieb zu setzen und mit Spezialfächern für die umfangreiche Schellack-Kollektion ausgestattet ist, der Star jeder Gebrauchsmöbelauktion. Ganz zu schweigen von der Gier, mit der sich Sammler in aller Welt auf die historischen Aufnahmen stürzen würden: von Rachmaninoff bis Puccini, vom Hilo-Hawaiian March bis zu Caruso als Troubadour.

Wie kommt dies alles in das stille Feriendomizil am Südwestufer des Attersees?

Wien, 1910. Bis vor kurzem hat das Kleine-Leute-Kind aus Brünn noch Mitzi Jedlička geheißen, war Stubenmädchen in einem Hotel, hat (mit dem Nachwuchsdirigenten Robert Stolz unter einem Dach) in einem schäbigen Zinshaus neben der Quargelfabrik gewohnt und als kleine Choristin am Deutschen Theater ihre ersten Bühnenauftritte absolviert. Als sie in der Galapremiere der »Aida« mit einem hohen C von stupender Schönheit und Strahlkraft den Star des Abends, die Wiener Diva Else Blant, aussticht, kostet sie diese Unverschämtheit zwar ihr Engagement, bildet jedoch den ersten Schritt auf dem spektakulären Weg zur Primadonna assoluta.

Aus einer Provinzgans wird eine Dame von Welt:
Maria Jeritza in ihrem Sommerhaus am Attersee

Unter dem nunmehrigen Namen Maria Jeritza wechselt sie in Olmütz ins Solofach über, ihr Tosca-Gastspiel an der Wiener Volksoper wird zur Sensation. Am Ischler Operettentheater singt sie die Rosalinde in der »Fledermaus«; Kaiser Franz Joseph, der unter den Premierenbesuchern ist, besteht, hingerissen von ihrem Csárdás »Klänge der Heimat, erweckt in mir das Sehnen«, auf zweifachem Da capo und veranlaßt schleunigst ihren Transfer an die Hofoper: Eine Weltkarriere nimmt ihren Anfang...

Und noch etwas: Aus einer Provinzgans wird binnen kurzem eine Grande Dame, die sich jedweden Luxus leisten kann. Maria Jeritza heiratet in erster Ehe einen altösterreichischen Aristokraten, läßt ihre Köchin Französisch lernen, damit sie in die Künste der kaiserlichen Hofküche eingeweiht werde, und erwirbt am Attersee ein Ferienhaus mit vierzehn Zimmern (dem bald ein zweites mit vierundzwanzig folgen wird). Die Unteracher Dorfkinder, die sie von nun an Sommer für Sommer mit üppigen Jausen vom Tortenbuffet und berauschenden Wunschkonzerten aus dem Grammophonschrank verwöhnt, sind heute allesamt alte Leute. Aber ihre wundersame Wohltäterin von einst hat keines von ihnen vergessen.

Maria Cebotari bittet zu Tisch

Wie ist das mit dem Genius loci von Gebrauchsgegen-
ständen aus prominenter Hand? Kürzlich kamen Kaiser Franz Josephs Leibstuhl und das Fernglas seines Bruders
Maximilian in einem Münchner Auktionshaus unter den
Hammer: Werden sie ihrem neuen Besitzer Stuhlgang bzw.
Bergwanderung zum besonderen Erlebnis machen? Der
Wiener Politologe Norbert Leser schwört darauf, daß ihn der
in sein Eigentum übergegangene Schreibtisch des Sozialphi-
losophen Max Adler bei der Arbeit inspiriert. Und das Cebo-
tari-Speisezimmer in der Badener Ehrenberg-Villa – verheißt
es neben kulinarischen Genüssen auch musikalische Hoch-
stimmung?

Maria Cebotari, die gefeierte Primadonna der dreißiger und
vierziger Jahre. Aus dem bessarabischen Kischinew stammend,
avanciert sie, schon mit vierundzwanzig Kammersängerin,
zum Liebling des Opernpublikums – zuerst in Berlin, bald
auch bei den Salzburger Festspielen, schließlich in Wien. Um
ihren Verpflichtungen an den großen Musiktheatern der Welt
nachzukommen, ist sie unter den ersten, die sich des Ver-
kehrsmittels Flugzeug bedienen: Bis zu fünfmal pro Woche
steht sie auf der Bühne. Mimi, Butterfly, Konstanze, Gilda,
Violetta, Arabella und Sophie zählen ebenso zu ihrem Repertoire wie Carmen, Salome und Turandot, und an der Seite des Spitzentenors Benjamino Gigli macht sie sogar auch
Filmkarriere.

Am 19. August 1938 heiratet die Achtundzwanzigjährige in
Berlin den Wiener Schauspieler Gustav Dießl, im Sommer
1941 kommt Stammhalter Peter zur Welt, dem fünf Jahre

später Sohn Fritz folgen wird. Doch das häusliche Glück ist nicht von Dauer: Ein Schlaganfall streckt den zehn Jahre älteren Gatten nieder, auch wird's im kriegsumtosten Berlin von Tag zu Tag ungemütlicher. Die Bombenangriffe setzen ein, mitten im Winter fällt die Fernheizung aus, im Februar 1945 gibt Maria Cebotari ihr Logis in der Hessenallee auf und übersiedelt nach Österreich: Kitzbühel, Salzburg, Wien. Nur das Allernötigste an Wertsachen und Garderobe kann sie mitnehmen; sämtliches Mobiliar, Bibliothek, Teppich- und Gemäldesammlung bleiben in der Reichshauptstadt zurück.

Auch in Wien ist die junge Künstlerin hin- und hergerissen zwischen höchster beruflicher Erfüllung und schlimmster privater Heimsuchung: Fünfzehn Monate nach Antritt ihres Engagements an der Staatsoper stirbt achtundvierzigjährig ihr Mann. Um den beiden Kindern eine möglichst sorglose Zukunft zu sichern, erwirbt sie in Währing ein Ruinengrundstück und baut. Im Sommer 1948 kann die Cottage-Villa bezogen werden – mit den Berliner Möbeln, die sowohl der Bombardierung wie der Plünderung entgangen sind.

Der Verhängnisse ist dennoch kein Ende: Am 9. Juni 1949 stirbt Maria Cebotari selbst. Leberkrebs. Zu Tausenden begleiten die Wiener Opernfans die erst Neununddreißigjährige auf ihrem letzten Weg zum Döblinger Friedhof. Hedwig Cattarius, die Kinderfrau, nimmt sich der beiden Vollwaisen an: Peter ist acht, Fritz gar erst drei Jahre alt. Um finanziell durchzukommen, zieht man sich in die Mansardenwohnung zurück und zehrt vom Mietzins der übrigen Räume. Doch die auf dem Haus lastenden Schulden machen eine Adoption der Buben unumgänglich: »Burg«-Star Albin Skoda und das Schauspielerehepaar Curt Goetz/Valérie von Martens zeigen sich interessiert. Das Vormundschaftsgericht entscheidet sich für den englischen Konzertpianisten Sir Clifford Curzon, der auf seinem Sommersitz in Litzlberg am Attersee den Cebo-

Maria Cebotari und Gatte Gustav Dießl in Salzburg

tari-Waisen ein neues Heim bietet. Da schlägt das Schicksal ein weiteres Mal zu: Ersatzmutter Cattarius – nicht bereit, sich von ihren Zöglingen zu trennen – geht nächst dem Kuchelauer Donauhafen ins Wasser. Die völlig verstörten Kinder, nun auch ihrer geliebten »Teta« beraubt, müssen, von Sensationsreportern gejagt, von ihren Adoptiveltern vor der Welt versteckt werden; der Haushalt in der Weimarer Straße 65 wird aufgelöst, das Mobiliar landet im Dorotheum. Besonders das Speisezimmer – ein kostbares Ensemble aus ausziehbarem Tisch, zehn Sesseln, Buffet und Anrichte, alles massives Mahagoni – stößt bei den Bietern auf starkes Inter-

Ihr grausames Schicksal bewegte in den Fünfziger-jahren die Illustrierten-leser der ganzen Welt: die Cebotari-Waisen Peter und Fritz

esse. Die Wiener Fabrikantin Elsa Fischer, nicht nur eine glühende Verehrerin der Cebotari, sondern aus gemeinsamen Tagen in Kitzbühel mit ihr auch persönlich bekannt, erhält den Zuschlag. Und mit ihrem Tod geht der Besitz an Tochter Monica über, die ihrer Residenz im Helenental mit den geliebten Stücken ein besonderes Glanzlicht aufsetzen kann. Es sind schwere und sperrige Möbel: Die Übersiedlung nach Baden macht einen aufwendigen Spezialtransport nötig, doch das ist der stolzen Besitzerin die Sache wert. Und sollte Peter und Fritz Dießl-Cebotari alias Curzon, inzwischen beides Männer über fünfzig und seit langem in England bzw. Neuseeland ansässig, aller hier in Kindertagen erlittenen Unbill zum Trotz doch noch einmal der Weg nach Österreich führen, wären sie in der Ehrenberg-Villa herzlich willkommen und könnten am elterlichen Eßtisch Platz nehmen und dinieren…

Das älteste Spitalsbett von Wien

Das Bett selber ist längst zu Brennholz zerlegt und verfeuert, nur die Kopftafel konnte gerettet werden. Doch der 61 mal 48 Zentimeter große Aufsatz mit dem barocken Schnitzwerk, dem lachsrosa Dekor und der schon brüchigblassen Schrift auf schwarzem Grund ersetzt eine komplette Vorlesungsreihe zum Thema »Geschichte der Medizin«.

Über seine Herkunft läßt sich nur spekulieren: Die dazugehörige Liegestatt könnte im Bürgerspital gestanden sein, das bis zur Eröffnung des Allgemeinen Krankenhauses anno 1784 Wiens zentrale »Wohlfahrtsanstalt« ist (in dem weiten Areal zwischen Kärntnerstraße, Lobkowitzplatz und Gluck-

Krankenbett-Tafel anno dazumal: Nicht der Patient selber wird untersucht, sondern nur seine Ausscheidungen

gasse). Oder ist sie eher den Elisabethinen zuzuordnen, den Barmherzigen Brüdern?

Daß das kostbare Relikt mit dem Wappen der Reichsfreiherren von Palm geschmückt ist, weist das Spitalsbett jedenfalls als Teil einer Stiftung jener böhmischen Großgrundbesitzersdynastie aus, die sich all ihre klangvollen Adelsprädikate mit hochdotierten Benefizien erkauft hat.

1783 ist es wieder einmal so weit: Karl Joseph Freiherr von Palm spitzt auf die Fürstenwürde; 250 000 Gulden wäre ihm die Sache wert. Kaiser Joseph II. zeigt sich dem Begehren nicht abgeneigt, besteht jedoch auf Verdoppelung der Summe: Für die bevorstehende Inbetriebnahme des Allgemeinen Krankenhauses braucht man Geld, Geld und nochmals Geld. Auch Seine Majestät selber greift tief in die Privatschatulle: »Verschonung der öffentlichen Staatseinkünfte« lautet das oberste Gebot. Da sind ihm titelhungrige Untertanen wie die Freiherren von Palm gerade recht. Wiens Gesundheitsstadtrat Alois Stacher wird zwei Jahrhunderte später den pikanten Deal neidvoll kommentieren: »Solche Sponsoren würden wir heute brauchen!«

Doch zurück zu unserer Bettafel (die seit Jahr und Tag zu den Museumsschätzen des Instituts für Geschichte der Medizin zählt: Wien IX., Währingerstraße 25). Auch ohne Holz- und Farbanalyse läßt sich ihr Alter unschwer aus dem Text erschließen, den der Auftraggeber dem Schildermaler vorgeschrieben hat: zwischen 1730 und 1750. Neben den Feldern für Zimmernummer, Bettnummer, Namen, Eintrittstag und »Abreichung der Arzneien« finden wir Rubriken wie Umschläge und Klistier, Stühle und Urin, Husten und Durst. Auch Eintragungen bezüglich »Versicatorien« (Schröpfköpfen), »Aderlässen« und »Zuckungen« sind vorgesehen. Jeden Tag sollen sie mit Schwamm und Kreide erneuert werden. Auch über die Mahlzeiten des Patienten wird auf der Bettafel Buch geführt – unter dem Stichwort »Portion«. Anders ausgedrückt: Die Medizin hält noch immer bei der Säftelehre. Als marod gilt derjenige, in dessen Körper die vier Kardinalsäfte Blut, Schleim, gelbe Galle und schwarze Galle aus dem Gleichgewicht geraten sind.

Erst Mitte des 18. Jahrhunderts wird die Krankenbettmedizin die Buchmedizin ablösen. Kaiserin Maria Theresia ist es, die für diesen Neubeginn – und damit für die ruhmreiche Erfolgschronik der 1. Wiener Medizinischen Schule – die Weichen stellt, indem sie 1745 den Niederländer Gerard van Swieten, der ihrer in Brüssel sterbenskrank daniederliegenden Schwester Maria Anna so vorbildlich beigestanden ist, als Leibarzt nach Wien holt, dem seinerseits, neun Jahre darauf, van Swietens Landsmann und ehemaliger Mitschüler Anton de Haen nachfolgt.

Er ist es, dieser fünfzigjährige Wahlwiener aus der holländischen Universitätsstadt Leiden, der sich nicht nur den Patienten aus der Nähe »anschaut«, sondern auch die Ausbildung seiner Studenten von der Lehrkanzel ans Spitalsbett verlegt. Jetzt gelingt in rascher Folge eine ärztliche Errungenschaft nach der anderen: de Haen führt das Fieberthermometer ein, und der van-Swieten-Schüler Leopold Auenbrugger steuert die sogenannte Perkussion bei, indem er (hierzu von seinem Vater angeregt, der als Wirt des Grazer Gasthofs Zum schwarzen Mohren durch Pochen gegen die Faßwand die Höhe des Weinspiegels mißt) dem Kranken die Brust abklopft. Die physikalische Medizin ist geboren, die Klinik (abgeleitet von dem griechischen Wort kline = liegen) löst den Hörsaal ab, unsere ominöse Bettafel mit all den mittelalterlich anmutenden Praktiken hat endgültig ausgedient.

Um so wertvoller ist sie heute als Museumsstück: Drastisch wie kein zweites dokumentiert sie den immensen Fortschritt, der von Wien aus die Humanmedizin revolutioniert. Wir sollten dem Beispiel der vielen ausländischen Besucher folgen, für die das Josephinum (so der volkstümliche Name des Instituts für Geschichte der Medizin) zu einem Wallfahrtsziel erster Güte geworden ist: Ein Geheimtip für Schlechtwettertage (montags bis freitags 9 bis 15 Uhr).

Die »Josephinische Medicin-Chirurgische Militär Academie« in einem Kupferstich von Karl Schütz, 1790

Madame Benvenistis milde Gabe

Die Sessel im Wartezimmer sind knapp, also borgt man sich welche beim Hausmeister aus: Der Dozent für Neuropathologie am Allgemeinen Krankenhaus in Wien, Dr. Sigmund Freud, soeben vierunddreißig geworden, zweifacher Vater und seit vier Jahren verheiratet, muß bei der Möblierung seiner Privatpraxis mit jeder Krone rechnen. Es ist Tür Nr. 12 im sogenannten »Sühnhaus«, Maria-Theresien-Straße 8, das Rathausarchitekt Friedrich von Schmidt aus kaiserlichen Stiftungsmitteln an der Stelle des abgebrannten Ringtheaters errichtet hat. Frau Marthas Mitgift geht zur Gänze in ihrem »reizenden Hauswesen« auf; da ist es ein Glück, daß betuchte Patientinnen mit Dankgeschenken aushelfen: kostspieligen Delikatessen, Büchern, Opernkarten, sogar einer Couch.

Als im Jahr darauf – September 1891 – in die Berggasse 19 umgezogen wird, zählt das gute Stück, von einer Madame Benvenisti spendiert und inzwischen noch mit einem Perserteppich und einer Kollektion Samtkissen ausstaffiert, zum Übersiedlungsgut. Und da Freud – nach ersten positiven Erfahrungen mit der Heilsamkeit der »freien Assoziation« – im Begriff ist, sich von den bisher praktizierten Methoden der Elektrotherapie und Hypnose zu lösen, erhält das Liegemöbel nunmehr seinen Platz im Behandlungszimmer:

»Ich halte an dem Rate fest, den Kranken auf einem Ruhebett lagern zu lassen, während man hinter ihm, von ihm ungesehen, Platz nimmt. Es ist im ganzen gleichgültig, mit welchem Stoffe man die Behandlung beginnt, ob mit der Lebensgeschichte, der Krankengeschichte oder den Kindheitserinnerungen.

Jedenfalls aber so, daß man den Patienten erzählen läßt und ihm die Wahl des Anfangspunktes freistellt.«

Es ist die Geburtsstunde der Psychoanalyse; 1894 nimmt Freud zum erstenmal die neue Wortschöpfung in den Mund. Daß er für seinen eigenen Arbeitsplatz, einen Samtfauteuil mit Schemel, nicht das Fuß-, sondern das Kopfende der Couch wählt, ist nicht, wie die Anekdote von der ihm liebestoll um den Hals fallenden Patientin weismachen will, eine Vorsichtsmaßnahme gegenüber hemmungslosen Verführerinnen, sondern gehört zur Methode: Der volle Zugang zum Unbewußten kann nur gelingen, wenn jegliche äußere Ablenkung ausgeschaltet ist. Manche der Herren behalten den Hut auf und schlagen dessen Vorderkrempe herunter, die Damen ziehen den Schleier vors Gesicht. Kommt es während der Sitzung, die in der Regel eine knappe Stunde in Anspruch nimmt, zu heftiger Gemütserregung, kann der Patient sich an

Im Londoner Exil: Sigmund Freuds Psycho-Couch aus der Berggasse

den bunt über die Couch verstreuten Polstern abreagieren. Die kleine Kopfrolle schieben sich die Damen unter den Dutt, das flache weißleinene Kopfkissen wird täglich frisch bezogen. Daß der Teppichüberwurf am Fußende schon bald deutliche Spuren der Benützung zeigen und am Ende total durchgewetzt sein wird, nimmt der Herr Doktor in Kauf: Sich ein Zeitungsblatt unterzulegen, mag er niemandem zumuten. Als in späteren Jahren eine neue Haushaltshilfe ihren Dienst antritt, ist ihre erste Reaktion beim Betreten der Ordination: »O Gott, hier werde ich aber viel Teppich klopfen müssen!«

Und noch etwas ist anders als in normalen Haushalten: In regelmäßigen Abständen ist für Frischluftzufuhr zu sorgen, Freud raucht bis zu 20 Zigarren am Tag. Ist eine Behandlung erfolgreich verlaufen, zündet er sich mit den Worten »Das muß gefeiert werden!« eine neue an. Aber auch bei geschlossenem Fenster müssen, wenn's Winter ist, Kachelofen und Kohlenkasten ihr Äußerstes geben: Die Fugen sind undicht, es zieht.

Übrigens sind Arzt und Patient im Behandlungszimmer keineswegs allein: Zu Freuds Füßen liegt der heißgeliebte Chow-Chow – sein Bellen signalisiert dem Personal das Ende der Sitzung. Und hinter der Geheimtür, die, durch einen Wandteppich verdeckt, die Verbindung zur Studierstube herstellt, lauscht an manchen Tagen Hausfrau Martha und wird mitunter mit einem verstohlen geflüsterten »Nockerl, ich weiß nicht weiter!« ins Geschehen einbezogen.

Heikle Patienten, die unerkannt bleiben wollen, werden am Wartezimmer vorbei in die Küche geschleust, und da kann es sogar vorkommen, daß ihnen die »Perle« einen geschwinden Imbiß kredenzt. »Daß in Ihren Honoraren Halbpension mit eingeschlossen ist, finde ich sehr zuvorkommend!« wird einer der solcherart Bevorzugten später amüsiert zu Protokoll geben.

Als im Frühjahr 1938 auch die Familie Freud, vom Naziterror verjagt, Österreich verlassen muß, hält der Photograph Edmund Engelmann Wohnung und Ordination im Bild fest. So wird der Nachwelt die Erinnerung an die inzwischen weltberühmte Adresse erhalten und Haushälterin Paula Fichtl, die den Weg in die Emigration mit antritt, die Einrichtung der neuen Bleibe erleichtert: Auch im Cottage im Londoner Vorortbezirk Hampstead (Anschrift: 20 Maresfield Gardens) soll der Herr Professor alles am gewohnten Platz vorfinden – nicht zuletzt die Couch. Und damit das kostbare Stück, wenn es schon über Freuds Tod hinaus in London verbleibt (wo es heute einen der Hauptanziehungspunkte des dortigen Freud-Museums bildet), auch im 1971 eröffneten Wiener Gegenstück nicht gänzlich fehlt, wird in der Berggasse im Maßstab 1:1 ein Photo-Display an die betreffende Wand appliziert. (Der Aufstellung eines Möbelduplikats verweigern die Nachlaßverwalter ihre Zustimmung). Wer also von den jährlich rund 45 000 Besuchern des Wiener Freud-Museums (täglich 9 bis 15 Uhr) auf den Prototyp erpicht ist, muß sich nach London begeben (mittwochs bis samstags 12 bis 17 Uhr). Für Wien hat Tochter Anna Freud lediglich die Originaleinrichtung des Wartezimmers freigegeben.

Die Schutzengel von Jerusalem

Seitdem sie sich mit dem Gehen schwertut, wird Schwester Liliosa das Essen in ihre Zelle gereicht. Auch mit dem Gehör hapert's. Damit sie dennoch an Gebet und Chorgesang teilhaben kann, ist sie über einen Lautsprecher ans Gemeinschaftsleben des Klosters angeschlossen. Doch obwohl ihr Lebensabend im Mutterhaus der Armen Schulschwestern zu Vöcklabruck von so vielen Beschwerden getrübt ist, kommt ihr kein Wort der Klage über die Lippen. Und schon gar nicht jammert sie über all die jahrzehntelange Mühsal, die *hinter* ihr liegt: Die Neunzigjährige ist der letzte noch lebende jener fünf Schutzengel, die zwischen 1933 und 1985, dem Jahr der Rückerstattung des Pilgerhauses an Österreich, in der arabischen Altstadt von Jerusalem die Stellung gehalten haben.

Daß im generalsanierten, am 19. März 1988 neueröffneten und seither als österreichische Enklave im Heiligen Land wieder in vollem Betrieb stehenden »Hospiz zur Heiligen Familie« kaum etwas von der alten Einrichtung fehlt, ist in erster Linie ihr und ihren Mitschwestern zu verdanken: Die Hauskapelle mit dem Kupelwieser-Gemälde und dem von Heinrich von Ferstel entworfenen Altar aus Salzburger Marmor ist ebenso intakt wie die Sakristei mit dem prachtvollen Jugendstil-Luster; auch die umfangreiche Thonet-Kollektion aus Bugholz-Kleiderständern und Handtuchhaltern tut unverändert ihre Dienste, und wenn hoher Besuch ins Haus steht, wird sogar das goldumrandete Porzellan der Marke »Victoria China Chechoslovakia« aus den Vitrinen geholt. Nur das Nachtgeschirr bleibt im Depot: Auch im Hospiz hat mittlerweile die neue Sanitärtechnik Einzug gehalten.

*Österreichische Möbel im Heiligen Land: die Standuhr an der
Pforte des »Hospizes«, Via Dolorosa Nr. 37*

Damit das geliebte alte Inventar aus der fernen Heimat die dramatischen Jahre der Enteignung und Fremdnutzung ohne Schaden überdauern konnte, waren Schwester Liliosa und die anderen bis ans Äußerste ihrer Leistungsfähigkeit gefordert: Den Schlüssel zur Kapelle hüteten sie wie einen Schatz, die Möbel versteckten sie im Souterrain, und damit sich keiner nach Einbruch der Dunkelheit daran vergriff, stellten sie im Gang vor dem »Verlies« ihre Feldbetten auf und hielten im Schichtdienst Nachtwache. Wenigstens von Kampfhandlungen blieb das Hospiz verschont – mit Ausnahme der Granate, die während des Sechs-Tage-Krieges im Garten einschlug: Schwester Liliosa, unter anderem für den hauseigenen Gemüseanbau zuständig, war gerade dabei, die Hühner zu füttern …

Wer heute einen Israel-Flug bucht und in einem der Gästezimmer oder Schlafsäle der Via Dolorosa Nr. 37 Quartier bezieht, macht sich in der Regel kaum eine Vorstellung von den katastrophalen Verhältnissen, die über Jahre und Jahrzehnte in dem imposanten Bau am historischen Leidensweg Jesu Christi geherrscht haben. 1863 als Pilgerherberge in Betrieb genommen, setzt – mit den aufwendig organisierten Volkswallfahrten ins Heilige Land – schon bald die große Zeit des Hospizes ein. Einer der ersten, die hier logieren, ist der neununddreißigjährige Kaiser Franz Joseph: Unter anderem den Titel eines »Königs von Jerusalem« führend, verbindet der österreichische Monarch anno 1869 seine Teilnahme an der Eröffnung des Suezkanals – als erstes gekröntes Haupt eines katholischen Landes seit den Tagen der Kreuzfahrer – mit einem Besuch der Heiligen Stätten. Das nordseitige Prunkzimmer mit dem Kreuzgewölbe bildet sein Schlafgemach. Eine für die Hausfront bestimmte, in Wien angefertigte Spezialuhr, deren Ziffernblatt zugleich die mitteleuropäische und die orientalische Zeit anzeigt, hinterläßt Seine Majestät als Gastgeschenk.

Der erste schwere Rückschlag kommt mit dem Jahr 1914: Der Krieg bringt den Pilgerzustrom aus Österreich fast gänzlich zum Versiegen. Aus dem Hospiz wird zunächst ein Rekonvaleszentenheim für k. u. k. Offiziere, dem nach der Beschlagnahme durch die Briten 1919 ein anglikanisches Waisenhaus folgt. Mit der um 1927 neu einsetzenden Blütezeit als Wallfahrerzentrum ist es endgültig aus, als am 3. September 1939 Großbritannien in den Krieg gegen Hitler-Deutschland eintritt: Das Anwesen wird von den Engländern konfisziert und abwechselnd als Internierungslager, Offiziersschule und Polizeistation genutzt. Sowohl der Rektor wie die seit 1933 im Hospiz werkenden Vöcklabrucker Schulschwestern sind Gefangene im eigenen Haus. Um der Vertreibung zu entgehen, machen sie sich den neuen Herren nützlich – insbesondere, als ab 1948 aus dem vormaligen Pilgerhaus ein Rotkreuz-Lazarett wird und kurz darauf ein jordanisches Regierungsspital. Und aus den Nonnen Krankenpflegerinnen. Als am 20. Juli 1951 König Abdullah in der El-Aqsa-Moschee von Attentätern niedergeschossen und – zu Erster Hilfe – in einem zusammengerollten Gebetsteppich ins nahe Hospiz verfrachtet wird, ist Schwester Liliosa unter denjenigen, die den Achtundsechzigjährigen sterben sehen. Zehn Jahre später wird sie den *Enkel* des Ermordeten durchs Haus führen: König Hussein kommt auf Inspektionsbesuch. Erst mit der 1985 von den Israelis betriebenen Schließung des in jeder Hinsicht unzulänglichen Spitals ist ihre Zeit in Jerusalem abgelaufen, und die inzwischen Achtundsiebzigjährige kehrt nach Österreich zurück. Eine stille Heldin tritt in der alten Heimat ihren Ruhestand an ...

Vom Backofen an
den Redaktionsschreibtisch

Im Schauraum der Möbeltischlerei Rumpf am Ortsrand von Köflach stand er abholbereit, an einer der Laden baumelte das frisch ausgefertigte Zertifikat: der mächtige Renaissance-Schreibtisch mit dem üppigen Schnitzwerk, mit Abstand das wertvollste Stück. An die 200 000 Schilling ließ die Stadt Voitsberg es sich kosten, ihn zu erwerben: fürs neue Museum, das im ehemaligen Feuerwehrdepot eröffnet werden soll.

Meister Rumpf, zugleich gerichtlich beeideter Sachverständiger für historische Möbel, vermutet eine Südtiroler Werkstätte als Hersteller; auch ohne sichtbare Datierung deutet alles auf die Zeit um 1850. Es ist massive Eiche; an den beiden Seitenfronten springen dem Betrachter grimmige Luzifer-Köpfe ins Auge, am reich ornamentierten Aufsatz die Initialen A und Z. Sie stehen nicht für Anfang und Ende des Alphabets, sondern für den Namen des Erstbesitzers: August Zang.

Als das lange unbenützt gebliebene Möbel von Schloß Greißenegg, dem ehemaligen Zang-Landsitz in der Weststeiermark, zum Versteigerungsort geschafft wurde, war es in schlimmem Zustand, mußte komplett zerlegt und neu aufgebaut werden. Jetzt, bei der durch die Ausleihe an eine der großen Landesausstellungen notwendig gewordenen *zweiten* Restaurierung, ging es nur noch um Feinheiten: Lädierte Teile wurden ausgebessert, die Schubladen gängig gemacht, die Oberfläche mit Schellack überzogen.

Doch vor der endgültigen Überstellung nach Voitsberg stand

noch ein »Ausflug« nach Wien auf dem Programm: Die »Presse« feierte im Sommer 1998 ihr 150-Jahr-Jubiläum, das Historische Museum am Karlsplatz richtete eine Gedenkausstellung aus, und eines ihrer markantesten Exponate war der gute alte Zang-Schreibtisch. Denn dieser August Zang ist es, der im Revolutionsjahr 1848 die »Presse« gegründet und damit Österreich mit dem ersten Qualitätsblatt großen Stils versorgt hat. An diesem Tisch hat der Einundvierzigjährige die entscheidenden Verträge unterfertigt, fortan seine Ideen ausgebrütet, seine Leitartikel zu Papier gebracht. Und auch, als er neunzehn Jahre später nicht mehr Zeitungsprinzipal ist, sondern sich neuen unternehmerischen Aufgaben zuwendet, bleibt das ehrwürdige Büromöbel das Herzstück seines Imperiums: die Schaltstelle.

Er ist schon ein toller Bursche, dieser Wiener Chirurgensohn vom Jahrgang 1807! Das Gymnasium verläßt er nach der

Bevor er in Wien die »Presse« aus der Taufe hebt, bäckt er für die Franzosen »pain viennois«: August Zang (hier sein Schreibtisch)

sechsten Klasse, auch beim Militär hält's ihn nicht auf Dauer, dem Studium der technischen Chemie folgen Bewährungsproben im Bauwesen und als Immobilienspekulant, seinem Erfindergeist ist die Konstruktion eines neuartigen Infanteriegewehrs zu verdanken. Als Zang, den Pflichtteil der elterlichen Erbschaft in der Tasche, mit einundzwanzig nach Paris geht und, schon in jungen Jahren ein Feinschmecker, sich über das fade französische Brot ärgert, eröffnet er kurzerhand mit sechs Wiener Bäckergesellen eine dampfbetriebene »Boulangerie« und beglückt sein Gastland mit wohlschmeckendem »pain viennois«.

Unter den Kunden des rasch prosperierenden Unternehmens ist auch der Besitzer der Pariser Massenzeitung »La Presse«, Emile de Girardin, und als im März 1848 Neubürger Zang aus der Heimat Nachricht erhält vom Sturz Metternichs und von der Aufhebung der österreichischen Zensur, stößt er seine Großbäckerei ab und eilt nach Wien, um die mit der bürgerlichen Revolution gewonnenen Freiheiten für die Gründung eines eigenen Organs zu nützen, das sich am Vorbild des konservativ-liberalen Girardin-Blattes orientiert. Am 3. Juli 1848 erscheint die erste Nummer der »Presse«. Den niedrigen Einzelverkaufspreis von einem Kreuzer und die Gratis-Hauszustellung für Abonnenten kann man sich leisten, weil die Kreation auf Anhieb einschlägt (und auch im Insertionsgeschäft neue Wege beschreitet). Noch vierzig Jahre später (als Zang längst aus dem Unternehmen ausgeschieden ist) wird Kaiser Franz Joseph »Die Presse« als sein »Leibblatt« rühmen.

Fast zwei Jahrzehnte steht August Zang an der Spitze der von ihm ins Leben gerufenen Gazette, dann wechselt er ins Bankfach. Auch um die Gründung der Journalistenvereinigung »Concordia« macht er sich verdient, als Mitglied des Gemeinderates arbeitet er unter anderem am Konzept des Wiener Stadtparks mit, und in der Steiermark, wo er sich und den Seinen auf Schloß Greißenegg einen luxuriösen Landsitz einrichtet (und wo noch heute das sogenannte Zangtal an ihn erinnert), steigt er sogar in den Bergbau ein und eröffnet die Voitsberger Braunkohlengrube. Nur den Bau der Graz-Köflacher Eisenbahn, für die er schon die Pläne auf dem Tisch liegen hat, schafft er nicht mehr: August Zang stirbt am 4. März 1888; Witwe Ludovica, die sein Werk fortsetzt, läßt ihm, als der Leichnam des Achtzigjährigen auf dem Wiener Zentralfriedhof bestattet wird, das »Presse«-Exemplar mit seinem Nachruf in den Sarg legen.

Schneiderpuppen für die Großen

Vielreisende Amerikaner neigen dazu, stets in Hotels einer und derselben Kette abzusteigen: Hier fühlen sie sich zu Hause, hier wissen sie auch im Schlaf, wo Minibar und Safe sind, hier rennen sie sich beim nächtlichen Weg zum WC nicht den Kopf an. Denn egal ob in Pittsburgh oder Seattle: Alle Zimmer folgen exakt dem gleichen Grundriß.

Schwieriger ist es mit den Geschäften, in denen sie ihre Einkäufe tätigen: Die Zeit der großen Nobelfirmen, die in jeder Metropole eine Filiale unterhalten, neigt sich dem Ende zu. Billy Wilder hat einmal erzählt, wie gut er diesbezüglich mit seinem Maßschneider dran war: Ob er in Berlin filmte oder in New York, in Prag oder in Paris, ob er in Karlsbad oder in Gastein kurte oder zu Besuch war in Wien – überall gab's einen Kniže, und das bedeutete: derselbe Standard, dasselbe Service, dieselbe Qualität.

Von diesen allen hat nur einer überlebt: der in Wien. Die Berliner Niederlassung ist den Bomben des Zweiten Weltkriegs, Prag und Karlsbad sind der Auspowerung durch die Kommunisten zum Opfer gefallen, und die Yankees kleiden sich sowieso von der Stange.

Den Kniže, Synonym für Nonplusultra in punkto Herrenmode, gibt's also nur mehr in Wien. Hier allerdings – mit gewissen Abstrichen – noch immer in der altgewohnten Pracht. Sogar der Holzbock, an dem sich Kaiserin Elisabeth ihre Reitröcke anmessen ließ, steht nach wie vor in einem Winkel des Salontrakts im Obergeschoß. Die Schneiderpuppe für Furtwänglers Frack ist ebenso unverändert in Gebrauch wie die Probierkabine, in der sich Willi Forst drehte und wendete,

der Spiegel, in den Franz Lehár blickte, ebenso wie die Sitz-
ecke mit den Modejournalen, in der Jan Kiepura auf den letzten Abnäher wartete, der Zuschneidetisch für Theo Lingens
Maßhemden ebenso wie die Vitrine, in der sich der Schah von
Persien seine Krawatten aussuchte. Nur der Messingaschen-
becher, auf dem Rudolf Forster seine Zigarre abzulegen
pflegte, dient heute als Behälter für die Schneiderkreide:
Auch bei der Frackanprobe wird nicht mehr geraucht.

Mit einem unscheinbaren Inserat in einer Wiener Morgen-
zeitung fängt alles an: November 1858. Josef Kniže, »Schnei-
dermeister für Civil und Militär«, bricht seine Zelte in der
böhmischen Heimat ab und versucht sein Glück in der Metropole Wien – mit der Anfertigung von »Herrenkleidern jeder Saison«. Selber ohne Nachkommen, übergibt er das
schon bald florierende Unternehmen an seinen Kompagnon,

So sah es um 1930 in den Kniže-Werkstätten in der Bräunerstraße aus.
Obwohl die »goldene Ära« der Nobelschneider inzwischen lange vorbei ist,
beträgt die Arbeitszeit für einen Maßanzug nach wie vor 65 Stunden.

den aus Berlin zugewanderten Bankierssohn Albert Wolff, der die Schwester des Wiener Kunstblumenfabrikanten Hugo Steiner zur Frau hat. Und sie ist es, die nach Wolffs Tod die Führung des Geschäftes übernimmt: Kniže & Co. steigt zum k. u. k. Hoflieferanten auf, Adolf Loos zeichnet für Bau und Innenausstattung des neuen Verkaufslokals am Graben verantwortlich.

Leicht macht er es seinen Auftraggebern freilich nicht: Weil Loos in seiner angeborenen Verschwendungssucht alles Geld auf der Stelle ausgibt, muß ihm das Architektenhonorar in täglichen Raten ausbezahlt werden, und als bei den Bauarbeiten ein kostbares Stück Marmor birst, bricht er in Weinkrämpfe aus und muß zur Anfertigung der noch ausständigen Entwürfe gezwungen werden, indem ihn sein Assistent im Büro einsperrt. Um so sittsamer verhält er sich am Mittagstisch des Bauherrn: Ißt er ein Stück Brot nicht zu Ende, so spielt er den Sparmeister, schneidet mit dem Messer den angebissenen Teil ab und gibt den verbleibenden Rest in den Brotkorb zurück.

1938. Österreichs Anschluß an Hitler-Deutschland bedeutet auch für das Haus Kniže eine bittere Zäsur: Die Firmeninhaber (inzwischen hat Sohn Friedrich Wolff das Erbe angetreten) emigrieren als Juden via Paris nach New York; die Wiener Belegschaft führt das Geschäft weiter. Heute lenkt der aus Oberösterreich stammende einstige Kniže-Lehrling Rudolf Niedersüß das auf den Wiener Stammsitz geschrumpfte Unternehmen, und Wolff-Enkel Peter, der – obwohl wieder den Namen Kniže tragend – in der neuen Heimat Amerika eigene Wege geht und College-Professor für Französisch, Spanisch, Deutsch, Latein und Geschichte wird, kommt, mittlerweile Pensionist, nur noch einmal pro Jahr besuchsweise nach Österreich, um für ein paar Tage Kniže-Luft zu schnuppern, in Wien in die Oper zu gehen und die Nostalgi-

ker unter den alten Freunden mit Anekdoten von anno dazumal zu unterhalten – etwa der von dem Kniže-Verkäufer,
der einem Kunden dreizehn Taschentücher berechnet, obwohl
er ihm nur zwölf verkauft hat: Dem braven Commis war nicht
entgangen, daß der steinreiche »feine« Herr beim Gustieren
der Ware ein Stück stibitzt hatte …
Für Peter Kniže unvergeßlich auch, wie er als Halbwüchsiger
im elterlichen Geschäft einen für König Zogu von Albanien
geschneiderten Umhang anprobieren und sich einen Augenblick als Potentat fühlen darf; wie er Curt Goetz bei einer
Sakko-Bestellung auf die Frage »Auf Seide oder auf Lüster?«
antworten hört: »Auf Raten!« oder wie man beim Öffnen eines Schrankkoffers in der großen Wiener Schönberg-Ausstel-
lung auf einen Kniže-Frack stößt, dessen Hose aus der Berliner und dessen Oberteil aus der Wiener Werkstätte stammt.
Tempi passati …

Die »Wanzen« des Grafen Kaunitz

Gewiß, die Technik war von simplerer Art als die heutige, aber ansonsten gilt ein weiteres Mal: Alles schon dagewesen – sogar die »Wanzen«. Geheime Abhöreinrichtungen sind keine Erfindung der Gestapo, der Stasi oder des KGB. Auch zu Zeiten Maria Theresias begnügt man sich nicht mit Tapetentüren. Was den neugierigen Bürgersleuten der »Spion«, also das seitlich am Fensterplatz angebrachte Guckloch mit freier Sicht zum Trottoir, ist den mißtrauischen Nobilitäten das ins Mauerwerk eingelassene Hörrohr, das für eine diskrete Verbindung zwischen Lauschkammer und Salon sorgt. Ist man nicht erst vor wenigen Jahren wieder solch einem Ding auf die Spur gekommen? Mitten in Wien …

Der Rennweg, ursprünglich einer bewährten Römerroute folgend, ist auch im Mittelalter eine wichtige Ausfallstraße gen Osten. Und Ausfallstraßen dienen dem Verkehr, haben mindere Wohnqualität. Man läßt also die Gründe, die Wiens »Tor zum Balkan« flankieren, vorerst brachliegen: Weideflächen, da und dort ein Hüterhaus, ein Heustadel, eine Flurkapelle. Erst nach dem Sieg der Österreicher über die Türken (1683) geht man allmählich daran, den Rennweg zu besiedeln: Viele der begüterten Adelsfamilien lassen sich hier ihre Sommerpaläste errichten, gesäumt von weitläufigen Parks. Refugium und Statussymbol in einem.

Auch Graf Wenzel Kaunitz, seit kurzem im Range eines Reichsfürsten und unter Maria Theresia Lenker der österreichischen Außenpolitik, kurz: einer der mächtigsten Männer im Staate, greift zu, als ihm die Kunde von einem freien Baugrund am mittleren Rennweg zu Ohren kommt, und läßt

sich dort, wo heute die Ungargasse einmündet, ein Jagdschlössl bauen: 1764. Kaum noch verifizierbar, doch bis heute erhalten, bilden dessen Überreste den Kern der Kloster-
schule zum heiligsten Herzen Jesu, besser bekannt unter dem
Namen »Sacré Cœur« …

Die Nonnen, die über ein Jahrhundert später, von ihrem französischen Mutterhaus nach Wien entsandt, um – nach dem
Muster ihrer Niederlassungen in Bregenz und Graz – auch in
der Reichshaupt- und Residenzstadt einen christlich gepräg-
ten Schulbetrieb für höhere Töchter auf die Beine zu stellen,
haben das stattliche Anwesen von wohltätigen spanischen
Edeldamen zum Geschenk erhalten. Vorbesitzer sind die
Grafen Dietrichstein, die das frühere Kaunitz-Schlössl noch
um jene 230 Klafter lange Grünfläche erweitert haben, die,
gegen Norden vom Wiener Neustädter Kanal begrenzt, zu
dieser Zeit als »der größte Garten Wiens« gilt.

Ehemalige Sacré-Cœur-Zöglinge erinnern sich lebhaft, wie in

Bei Grabungsarbeiten im »Sacré Cœur« entdeckt:
Abhörtechnik à la Maria Theresia

ihrer Schülerzeit von so manchem düsteren Geheimnis geraunt wurde, das das uralte Gemäuer berge: sorgfältig kaschierte unterirdische Gänge, von denen einer vielleicht gar bis zur Hofburg führen mochte, raffiniert angelegte Verstecke, klandestine Versammlungsräume und ähnliches mehr. Es ist also für die Schwestern vom heiligsten Herzen Jesu, die sich 1980 zu einem weiteren Umbau des »Sacré Cœur« entschließen (es geht vor allem um die Verlegung der Schulpforte und um den Einbau eines sogenannten »Milchaufzuges« zur bequemeren Verköstigung der Schüler), keine Sensation, sondern nur die späte Bestätigung uralter Gerüchte, daß die Bauarbeiter bei der Aushebung des Aufzugsschachtes auf ein Gewölbe stoßen, das über mehrerlei Kellerkammern, Stiegen und Durchschlüpfe zu einem Türbogen führt, der mit großer Wahrscheinlichkeit den Zutritt zu dem ominösen Geheimgang markiert. Doch die frommen Frauen sind keine Archäologen, auch heißt es sparsam mit den zur Verfügung stehenden Mitteln umgehen: Die Grabungs-, Entrümpelungs- und Freilegungsarbeiten werden eingestellt.

Dafür machen die Maurer, als sie ihr Werk in den oberen Etagen fortsetzen, im Mezzanin einen um so überraschenderen Fund: Was mag es mit jenem obskuren Pfeiler für eine Bewandtnis haben, der im ehemaligen Schuhwechselraum und jetzigen Speisesaal der Schule ohne jede erkennbare statische Funktion im Weg steht? Fort mit dem überflüssigen Ding! Vorsichtig wird er Ziegel um Ziegel abgetragen. Und was kommt dabei zutage? Ein raffiniert montierter Lauschkanal zum darüberliegenden Raum! Es handelt sich um ein ins Mauerwerk eingelassenes Metallgebilde von der Stärke eines Ofenrohres, das – so ergeben die Expertisen zweifelsfrei – weit über zweihundert Jahre alt sein muß.

Wie Staatskanzler Kaunitz sein Jagdschlössl am Rennweg – neben dem Stadtpalais auf der Freyung und dem Sommerpalais in Mariahilf nur die Nr. 3 unter seinen Besitzungen – genutzt haben und welche Funktion den einzelnen Räumlichkeiten zugekommen sein mag, darüber läßt sich heute nur noch spekulieren, desgleichen über Stand und Namen der Besucher, die es wert waren, von seinen Konfidenten observiert zu werden. Fest steht nur: Das Ofenrohr ist kein Ofenrohr, sondern eine jener geheimen Abhöreinrichtungen, wie sie auch schon im Vor-Metternichschen Wien gang und gäbe gewesen sind. Eine »Wanze« à la Maria Theresia …

Traumfabrik Wien

Herrenchiemsee hat viele Väter. Die zwei wichtigsten heißen beide Ludwig. Der eine ist König von Bayern, der andere der König der Glaskunst. Der eine hat sich mit seinem Neu-Versailles auf der größten der drei Chiemsee-Inseln einen seiner exzentrischsten Träume erfüllt, der andere hat ihn in Licht umgesetzt: Ludwig Lobmeyr aus Wien. Die Besucher aus sechs Kontinenten, die täglich zwischen 9 und 17 Uhr durchs Schloß geschleust werden, halten alle im gleichen Augenblick die Luft an: sobald sie ihren Fuß in die Spiegelgalerie setzen. 2300 Wachskerzen auf 33 Lustern und 44 Kandelabern – das gibt es in dieser Vollkommenheit kein zweites Mal auf der Welt.

Vor zwei Jahren hat er den Thron bestiegen, jetzt faßt der Zweiundzwanzigjährige, von seiner ersten Frankreichreise heimkehrend, den Entschluß, dem von ihm verehrten Sonnenkönig Ludwig XIV. auf bayerischem Boden ein bombastisches Denkmal zu setzen – koste es, was es wolle. In einem Brief vom 17. Dezember 1868 schärft er seinem Hofsekretariat ein, »daß die Spiegelgalerie und die beiden anstoßenden Gemächer ein genaues Abbild der in Versailles befindlichen werden sollen«. Und er fährt fort: »Deshalb dürfen diese Räume nicht kleinlich ausfallen. Eine bloß scheinbare Größe, erzielt durch perspektivische Mittel, reicht nicht aus, die Herrlichkeit jener wundervollen Epoche zu veranschaulichen.«

Es dauert noch fünf Jahre, bis Ludwig II. seinem Ziel nahekommt: Um sie vor der drohenden Abholzung durch württembergische Spekulanten zu bewahren, erwirbt er die 250 Hektar große Herreninsel. Und weitere fünf Jahre später wird der Grundstein für den »Ruhmestempel« gelegt. Immer wieder greift Seine Majestät persönlich in die Planung ein, auch die Auftragsvergabe behält er sich vor. Mit einem Handschreiben an den »k. k. Oesterreichischen Hof-Glaswaren-Fabrikanten L. Lobmeyr« hat er diesem schon anläßlich der Münchner Kunstgewerbeausstellung »die wärmsten Wünsche für die Fortentwickelung der deutsch-oesterreichischen Kunstindustrie« übermittelt. Da kommt für die Ausstattung des Hauptraumes von Herrenchiemsee nur einer in Betracht: der Lobmeyr in Wien.

Der Neunundvierzigjährige, vor kurzem als erster bürgerlicher Industrieller ins Österreichische Herrenhaus berufen,

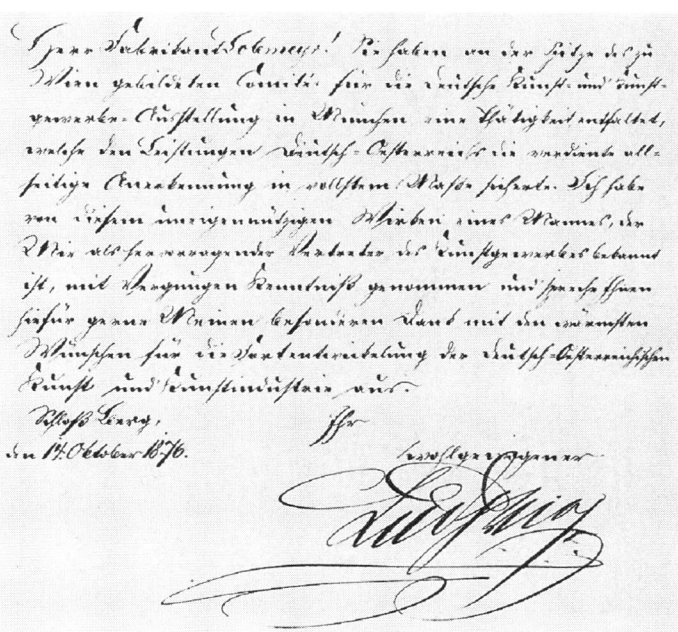

Königliches Handschreiben an den König der Glaskunst

macht sich mit seinem Mitarbeiterstab an die Arbeit. Es ist einer der größten Aufträge, die das Atelier in der Weihburggasse je erhält, nimmt für die Dauer von drei Jahren sämtliche Kräfte in Anspruch. Einen Meter breit und vier Meter lang sind die im Maßstab 1:1 angefertigten Entwürfe für die aus vergoldeter und ziselierter Bronze bestehenden und mit schwer geschliffenem Kristall behängten Luster; die Kandelaber sind vergoldete Holzschnitzarbeiten. Bezüglich der Details der Ausführung gilt die Vereinbarung: »Nach eigenen Zeichnungen unter Benutzung alter Muster.«

Das überdimensionale Zeichenpapier ist mit feinem Bleistift in Raster eingeteilt; rote Tusche markiert die Bronze-, blaue

Neu-Versailles made in Austria: die Spiegelgalerie
im Schloß Herrenchiemsee

die Kristallarbeiten. Die besten Zulieferfirmen Österreich-Ungarns werden für die handwerkliche Fertigung herangezogen: Gießer und Gürtler, Metallpolierer und Ziselierer, Glashütten und Drechsler, Lampenmacher und Vergolder. Spedition und Montage bilden den Abschluß des Unternehmens. Neben den 2300 Wachskerzen für die Erstausstattung weisen Lieferbuch und »Konsignations-Faktura« auch Reserven in beträchtlicher Stückzahl aus. Sogar für Elektrifizierung wäre Lobmeyr bereits gerüstet, doch Seine Majestät besteht auf dem subtileren, wärmeren Kerzenlicht mit seinen flakkernd-funkelnden Effekten. Als die Spiegelgalerie zum erstenmal in ihrem Lichterglanz erstrahlt, duldet der König keinen Menschen an seiner Seite: Ganz allein durchschreitet er den 98 Meter langen, von einem mächtigen Tonnengewölbe überdachten Prunksaal.

Da die Wiener die Lieferfristen streng einhalten, werden alle Rechnungen (so ein Kronleuchter käme nach heutiger Kalkulation auf einen Stückpreis von rund öS 500 000.–!) anstandslos beglichen, erst später geht dem bayerischen Hof das Geld aus, und so manches an Herrenchiemsee wird Fragment bleiben. Doch da ist Ludwig II. nicht mehr unter den Lebenden: Als er am 13. Juni 1886 knapp einundvierzigjährig, entmündigt und für geisteskrank erklärt, im Starnbergersee den Tod findet, hat er die ganze Pracht gerade zehn Tage genossen, und geschlafen hat er in seinem Luxusbett überhaupt nur ein einziges Mal. Herrenchiemsee gehört fortan den Touristen – und das bis zum heutigen Tag. Das frühabendliche 30-Minuten-Schauspiel der Illuminierung der Spiegelgalerie zählt zum Grandiosesten, das der Freistaat Bayern seinen Gästen zu bieten hat: An die 30 Bedienstete schwärmen aus, die fahrbare Bühne zu besteigen, kurbeln die Luster herunter und setzen mit langen Zündstäben die 2300 Kerzen in Betrieb (nur bei den berühmten Schloßkonzerten

beschränkt man sich – der passenderen Stimmung wegen –
auf jede dritte).

1982 hat's mit dem Spektakel ein Ende: Der durch die Besu-
chermassen bedingte Sauerstoffmangel führt selbst bei ruß-
freiem Wachs zu Rußentwicklung, Stukkatur und Vergoldung
geraten in Gefahr, man entscheidet sich für elektrische Er-
satzbeleuchtung – sparsam, indirekt und kaschiert. Die Spiegelgalerie mutiert endgültig zum Museum: Die Kerzenan-
zünder werden von Reinigungsbrigaden, die Zündstäbe von
Staubwedeln abgelöst. Aber auch so bleibt für die Gäste genug zum Staunen. Und die aus Österreich erwartet noch ein
zusätzlicher, ein patriotischer Effekt: wenn der Schloßführer
bei seinen Erläuterungen auf die Herkunft der sagenhaften
Pracht zu sprechen kommt, auf Wien …

Der Hammelspieß im Salon

Die Zeit der großen Staatsbesuche ist wohl endgültig vorbei, und gar etwas so Bombastisches wie das Zehn-Tage-Spektakel vom Sommer 1873, als Nasreddin Schah, der »Herr des Morgenlandes«, das sechs Monate lang im Weltausstellungstaumel liegende Wien beehrt, kann sich heute nur noch vorstellen, wer über eine blühende Phantasie à la Tausend und eine Nacht verfügt. Es ist das erste Mal, daß Persiens Souverän seinen Fuß auf europäischen Boden setzt: Via Rußland, Deutschland, England, Frankreich, die Schweiz und Italien anreisend, trifft der Zweiundvierzigjährige am 30. Juli im Land der »ungläubigen« Österreicher ein.

Gewohnt, daß alles nach seinem Willen geht, ist er schon indigniert, daß er sich einem penibel eingehaltenen Fahrplan unterwerfen muß: Punkt 19 Uhr rollt der kaiserliche Hofzug im Bahnhof Penzing ein; dem hundertfünfzigköpfigen Gefolge fährt eine zweite Garnitur hinterdrein, die das Gepäck und die Menagerie heranschafft: Pferde und Hunde, Hammel und Hühner, dazu das Gastgeschenk für Sisi – vier Gazellen.

Die zahlreichen Schaulustigen, die der Begrüßung durch Kaiser Franz Joseph beiwohnen, kommen voll auf ihre Rechnung: Statt mit Knöpfen ist die Uniform des Schahs mit Diamanten und Rubinen besetzt. Die persische Nationalhymne, die am Perron erklingt, ist allerdings österreichischer Eigenbau: Ursprünglich von Militärkapellmeister Leitermayer zusammenphantasiert (weil der Iran zu dieser Zeit noch über keine eigene verfügt), fällt dessen »Persischer Marsch« so schaurig aus, daß Johann Strauß allerhöchsten Auftrag erhält, eilends einen zweiten zu komponieren.

Nach kurzem Aufenthalt geht's weiter – mit der Verbindungsbahn nach Laxenburg: Im Blauen Hof, jenem Trakt des kaiserlichen Sommersitzes, den einst Maria Theresia für ihren Gebrauch hat adaptieren lassen (und der heute das Internationale Institut für angewandte Systemanalyse beherbergt), soll Österreichs Staatsgast logieren. Kronprinz Rudolf, der hier vor 15 Jahren zur Welt gekommen ist, steht im vordersten Glied des Empfangskomitees: Wenn sich das Haupt des Erhabenen zum Stirnkuß über ihn beugt, muß sich der junge Thronfolger beherrschen, daß ihn nicht das Kitzeln des monströsen Schnurrbartes aus dem Konzept bringt.

Schlimmes bahnt sich derweil in den benachbarten Gemächern an: Die Dienerschaft des »Lieblings der Sonne« ist dabei, Schloß Laxenburg nach ihren Vorstellungen umzumodeln. Alle Pölster werden flachgetreten, alle Teppiche durch eigene ersetzt, in einem der Kabinette werden die fürs leibliche Wohl des »Königs der Könige« bestimmten Hammel nach mohammedanischem Ritus geschlachtet und nebenan bei offenem Feuer gebraten. Auch die drei Hühner, die der Schah allmorgendlich bei Sonnenaufgang eigenhändig abzumurksen pflegt, hinterlassen Spuren – ganz zu schweigen von den Vorhängen, an denen sich die Domestiken ihre fettigen Finger abwischen. Ungeniert vor aller Augen (und stehend) verrichtet man die große Notdurft – in eigens mitgebrachten Klosetts. Kaiserin Elisabeth, die anderntags beim Diner in Schönbrunn größte Mühe hat, angesichts all der barbarischen Faux-pas Haltung zu bewahren, nimmt reißaus und fährt zu ihrer fünfjährigen Tochter Valerie auf die Rax.

Am vierten Tag – es ist der 2. August – begleitet Franz Joseph I. den ein Jahr Jüngeren in den Prater: Der von zehn Equipagen gefolgte sechsspännige Galawagen, mit dem die Strecke vom Südbahnhof zum Weltausstellungsareal zurückgelegt wird, hält zunächst vor dem Kaiserpavillon, wo gemeinsam das Déjeuner eingenommen wird; dann geht's weiter zur Rotunde, bei deren Betreten Glockengeläut und Orgelspiel erklingen, dazu das tausendstimmige »Vivat!« der Besucher. Beim Durchschreiten der einzelnen Abteilungen – die persische ist ein nach Nasreddins eigenen Entwürfen errichtetes Prunkzelt – folgen ihm fünf Diener mit dem »Allernötigsten«: einem roten Sonnenschirm, einem brillantenbesetzten Operngucker, einer vergoldeten Teekanne, einer zinnenen Kohlenpfanne, einer Teppichtasche, einer Wasserpfeife sowie einem Behälter unbekannten Inhalts. Ermattet der gesegnete Leib, so werden ihm zum Ausrasten Sitzlager bereitet und Unmengen Gefrorenes gereicht.

Geldgierige Wiener Matronen drängen sich an den Gast heran, ihm ihre Töchter für seinen Harem feilzubieten, und gar

Nasreddin Schah ist ein schlechter Schütze: Seine »Beute« (hier bei einer Kahnpartie in Laxenburg) hat einer der Diener heimlich auf dem Wochenmarkt eingekauft.

der geschäftstüchtigen Kaufleute, Fabrikanten, Juweliere, Bankiers und Erfinder, die an den verbleibenden Tagen um Audienz ansuchen, ist und ist kein Ende. Aus ihren Träumen vom großen Geld werden sie erst später jäh erwachen, wenn sie erkennen müssen, daß orientalische Potentaten es gewohnt sind, geschenkt zu erhalten, was ihnen ins Auge sticht. Ein großer Teil der Lieferantenrechnungen bleibt unbeglichen, und die Diamanten der meisten vom Schatzmeister ausgestreuten Orden sind in Wirklichkeit aus Glas.

An der Ballettsoirée, zu der der Kaiser in die Hofoper lädt, interessieren den Schah nur die Beine der Tänzerinnen; Pferderennen und Hofjagd langweilen ihn; und zum Abschiedsempfang in Schönbrunn erscheint er mit zweistündiger Verspätung, weil sein Leibastrologe die offizielle Beginnzeit für »ungünstig« erklärt hat. Nur die Truppenparade auf der Schmelz, bei der zwanzigtausend Mann in Galauniform an ihm vorbeidefilieren und über hunderttausend Zaungäste jubeln, ist nach seinem Geschmack.

Am 8. August tritt Nasreddin Schah, von Kaiser Franz Joseph mit zwölf Kisten feinstem Porzellan beschenkt, die Heimreise an – in Laxenburg können die Reinigungs-, Aufräumungs- und Instandsetzungsarbeiten beginnen ...

Ein Hochzeitsgeschenk der Sonderklasse

Viel Zeit ist vorüber, mehr oder weniger nützlich zuge-bracht, doch leer an wahren Taten und Erfolgen ... Wer weiß, wie lange das noch so fortgehen wird. Und jedes Jahr jetzt macht mich älter, weniger frisch und weniger tüchtig.«

Wie wahr! Es ist eine deprimierende Zwischenbilanz, die Kronprinz Rudolf da an seinem 30. Geburtstag zieht. Vor allem seine zerrüttete Gesundheit mehrt die Zweifel, ob's für ihn noch eine Zukunft gibt: Das venerische Leiden, das nun voll ausgebrochen und nach dem gegenwärtigen Stand der Medizin als unheilbar anzusehen ist, läßt sowohl den Gedanken an eine Thronbesteigung wie die Hoffnung auf einen männlichen Nachkommen als Illusion erscheinen.

Schon vor anderthalb Jahren hat Rudolf sein Testament aufgesetzt, am 2. März 1887 versieht er es mit Signatur und Siegel und gibt's dem Hofmarschallamt in Verwahrung. Tochter Elisabeth bestimmt er zur Universalerbin seines »beweglichen und unbeweglichen Vermögens«, Gemahlin Stephanie ist der »lebenslängliche Nutzgenuß« zugesichert. Und dann folgt die Auflistung der Legate: zehn Punkte, nicht mehr.

Einer der zehn – und nur dieser eine! – ist einem einzelnen Gegenstand gewidmet; es ist Punkt 4:

»Den großen Kasten mit den Aquarellen vermache ich den Hofsammlungen.«

Das muß also etwas ganz Besonderes sein. Etwas besonders Ausgefallenes, besonders Kostbares ... Sie können es nach-prüfen: In der Studiensammlung des Museums für ange-wandte Kunst/Abteilung Korpusmöbel ist das gute Stück aus-gestellt (I., Stubenring 5, täglich außer montags, 10 bis 18 Uhr).

Es ist das Hochzeitsgeschenk der vereinigten Wiener Indu-
striellen und der Wiener Kaufmannschaft.

10. Mai 1881. Kardinal Fürst Schwarzenberg, assistiert von
vierundzwanzig Bischöfen und Erzbischöfen, nimmt in der
Augustinerkirche die Trauung vor. Der Bräutigam steht im
23. Lebensjahr, die Braut, Prinzessin Stephanie von Belgien,
ist sechzehn. Das abendliche Volksfest in Schönbrunn kulmi-
niert in einem grandiosen Feuerwerk, das die Initialen R und
S am Himmel erstrahlen läßt; der Praterkorso der 62 Hof-
equipagen muß wegen des Massenzustroms Schaulustiger vor
der Zeit abgebrochen werden; an allen Ecken und Enden der
Stadt erklingt der »Myrthenblüthenwalzer«, den Johann
Strauß eigens für den feierlichen Anlaß komponiert hat.

Auch aus den entlegensten Teilen der Monarchie treffen
Glückwünsche ein, gehen dem hohen Paar Huldigungsprä-
sente zu; Obersthofmeister Graf Bombelles und seine Leute
haben alle Hände voll zu tun, den Geschenksegen zu kanali-
sieren. Bei besonders aufwendigen Dedikationen empfiehlt
sich eine vorherige Anfrage bei Hof.

Was sich die Wiener Handels- und Gewerbekammer diesbezüglich ausgedacht hat, ist derart bombastisch und bedarf so
komplizierter Vorarbeiten, daß man unmöglich ins Blaue pla-
nen kann. Das Präsidium mit Baron Albert Rothschild an der
Spitze läßt also bei der Obersthofmeisterei vorfühlen, wie
man dort über das erhabene Projekt denkt. Die Antwort fällt
– wie nicht anders zu erwarten – enthusiastisch aus: Mit »gro-
ßem Vergnügen« und »bestem Danke« verspricht man die noble Gabe anzunehmen.

Die Asse der vaterländischen Handwerker- und Künstlerschaft
machen sich an die Arbeit. Unter der Gesamtleitung von Prof.
Josef Storck entsteht ein mit Aquarellen von Rudolf von Alt,
Franz Defregger, Jakob Schindler, Josef Hoffmann und anderen österreichischen Meistern prall gefüllter Prunkschrank,

wie ihn die Welt noch nicht gesehen hat: Hoftischler Franz
Michel besorgt die Holzarbeiten, den Bildhauern Hermann
Klotz und Johann Schindler obliegen die figuralen und orna-
mentalen Schnitzereien, für die Silberfiguren und Reliefs zeichnet Rudolf Weyr verantwortlich, für die eingepaßten Ölgemälde Hans Canon, für die Ziselierungen Stefan Schwartz.
Die Liste der auf der Innenseite einer der Türen eingravier-
ten »Theilnehmer«-Namen liest sich wie ein »Gotha« der heimischen Firmenelite: Thonet und Köchert, Jungmann und
Gunkel, Gerstner und Meinl, Fischmeister und Leistler, Lobmeyr und Wahliss, Klinkosch und Schlumberger. Sie alle und
viele, viele mehr tragen ihr Scherflein dazu bei, das sin-
guläre Meisterwerk, das dem Thronfolger ein Bild von der
Leistungsfähigkeit des österreichischen Kunstgewerbes vermitteln soll, zu ermöglichen.

Sonderplatz im Testament:
Kronprinz Rudolfs
Kabinettschrank

Beim Entwurf stehen, was die verwendeten Materialien, die Intarsierung sowie die allegorische und heraldische Ausstattung anlangt, die Kabinettschränke König Ludwigs XIV. Pate; französischer Manierismus, deutsche Renaissance und österreichisches Barock gehen eine gloriose Verbindung miteinander ein. Die Maße: 256 Zentimeter hoch, 185 breit, 81 tief. In den Mitteilungsblättern der k. k. Kunstgewerbeschule, aus der sämtliche »Mitwirkenden« hervorgegangen sind, wird laufend über den Fortgang des Unternehmens berichtet (und mit Eigenlob nicht gespart): »Wer einigermaßen Kenntnis von den Bedingungen solcher Arbeiten hat, kann nur mit voller Bewunderung der Sicherheit und Accuratesse der Ausführung gedenken.«

Dem ist auch heute, einhundertneunzehn Jahre danach, kein Wort hinzuzufügen.

Sisis Milchstube

Auf der Kehrseite eines der Stücke klebt noch das zweisprachige Pickerl: Gyorsárú – Eilgut. Dabei ist es reichlich hundert Jahre her, daß dieser Tisch, diese Kredenz, diese Sitzbank von Ungarn nach Wien expediert wurden. Zinnoberrotgestrichenes Weichholz, üppig mit Phantasieblumen dekoriert: Bauernstube auf magyarisch. Unter den tausend Kuriositäten von Schönbrunn ist es eine der kuriosesten: das Speisezimmer aus Kaiserin Elisabeths Kammermeierei. In den Wirren des Zweiten Weltkriegs von Verwahrlosung und Plünderung bedroht, ist es gleichwohl erhalten geblieben, und glich es noch bis vor kurzem – unter der Inventarnummer MD 037807 ff. im Magazin des Bundesmobiliendepots »abgelegt« – eher obskurem Gerümpel als höfischem Mobiliar, so setzt es nun, frisch restauriert, den Schauräumen der neueröffneten Sammlung in der Andreasgasse 7 ein besonderes Glanzlicht auf.

Schönbrunn 1895. Kaiserin Elisabeth, eben siebenundfünfzig geworden, hat verfügt, daß auf dem Gelände des ehemaligen Fasangartens hinter der Gloriette eine Art Bio-Zentrum für ihren persönlichen Bedarf errichtet wird: Aus dem alten Fachwerkbau des Jägerhauses wird eine kaiserliche Molkerei, die der hohen Frau die tägliche Frischmilch liefert, die eigene Butter, das eigene Obers. Die Eier aus dem angeschlossenen Hühnerhof sind sogar mit einem besonderen Herkunftsstempel gekennzeichnet.

Der Aufwand entspricht den exzentrischen Ansprüchen der Gesundheitsfanatikerin: Wirtschaftsaufseher Josef Zauner wird aus Kärnten nach Wien beordert, um zusammen mit

seiner Frau, einem Knecht und einer Magd den Ernährungs-
wünschen Ihrer Majestät zu entsprechen. Nur das Edelste an
Kühen ist zugelassen: Unter den nach und nach dreiund-
zwanzig Milchlieferanten sind sowohl Inntaler wie Pinzgauer,
Mailänder wie »Französinnen« (aus der Normandie und der
Bretagne) – sogar Korfu steuert ein Exemplar bei. Die strenge Qualitätskontrolle in punkto Ertrag und Fettgehalt sowie
die laufende tierärztliche Überwachung gebieten, daß für
jede der kaiserlichen Kühe ein Akt angelegt wird. Futter und
Stroh kommen von den umliegenden Feldern, für die Stallun-
gen sind sorgfältige Belüftung sowie eine Raumtemperatur
von zwölf Grad Réaumur vorgeschrieben, vor dem Melken
sind die Euter der Tiere mit lauwarmem Wasser zu waschen,
zur Dienstkleidung des Personals gehören Schweizerjacke
und -mütze, Unbefugten ist der Zutritt untersagt.

Ist die Kaiserin in Wien, so dürfen nur sie, ihre engste Ver-
traute, Ida von Ferenczy, Frau Schratt, der erste Obersthofmeister sowie der diensthabende Zuckerbäcker (der seinen
jeweiligen Bedarf per »Begehrzettel« meldet) beliefert werden; zur Frischhaltung der Produkte werden jeden Tag zwei
Kühlblöcke aus der Schönbrunner Eisgrube beigestellt; die
nach dem Buttern anfallende Magermilch wird an die Affen
in der nahen Menagerie verfüttert.

Kommt die Kaiserin selber auf Visite in »ihre« Molkerei, ist
darauf zu achten, daß man ihr nach Möglichkeit »Zipfel-
milch« aufwartet: Die jeweils erstgemolkene, noch nicht ab-
gestandene gilt als die beste. Zu diesem Behuf sind in der
Kammermeierei drei Räume eingerichtet, die ausschließlich
Ihrer Majestät zur Verfügung stehen: ein Vor-, ein Speise-
und ein Toilettezimmer. Das Speisezimmer ist mit ungari-
schen Bauernmöbeln bestückt; auch Gläser, Besteck und Por-
zellangeschirr sowie Tafelwäsche und Vorhänge tragen ländlichen Charakter, neben der Aufschrift »I. M. Kammermeie-

*Ungarische Bauernmöbel für Sisis »Milchbar« in der
Schönbrunner Kammermeierei*

rei« prangt die Kaiserkrone. Die holzvertäfelten Wände sind mit Bildern aus dem Atelier des Hoftheatermalers Anton Brioschi geschmückt: Szenen aus dem bäuerlichen Milieu.

In den drei Jahren, die sich Sisi ihrer neuen Errungenschaft erfreuen kann, macht sie von der Kammermeierei gern und häufig Gebrauch: Die Chronik berichtet von mehrstündigen Aufenthalten. Und auch nach ihrem Tod im September 1898 wird der Betrieb weitergeführt – zum Wohle des Hofes. Nur die vormals überstrengen Vorschriften werden gelockert, und eine der neu eintretenden Stallmägde wagt es sogar, den Dienst zu quittieren, weil sie es für unzumutbar erachtet, an ihrem strikt fleischlosen Arbeitsplatz auf den gewohnten Frühstücksspeck zu verzichten. Ab 1916 Kaiserin Zita unterstellt, wird nach dem Zusammenbruch der Monarchie die »Weiland I. M. Kammermeierei« zunächst dem Kriegsgeschädigten-Fonds nutzbar gemacht; ihrer endgültigen Auflassung geht noch eine kurze Periode schwer überblickbarer Beamtendeputate voraus.

Heutiger Hausherr ist die Höhere Bundeslehr- und Versuchsanstalt für Gartenbau, und die kommt ohne eigenen Kuhbestand aus. Die Milch, die den Touristen aus aller Welt im neuen Café Gloriette kredenzt wird, ist made by NÖM. Und auch die Besucher der Snackbar im wiedereröffneten Bundesmobiliendepot dürfen zwar die Originalmöbel aus »Sisis Milchstube« bestaunen, aber beim Verzehr ihres Eiskaffees müssen sie sich mit republikanischem Schlagobers begnügen.

Ein Bettgeher namens Josip Broz

Es ist das Geburtsjahr von Otto von Habsburg, Anton Benya, Leopold Ungar und Heinrich Harrer: 1912. Am 22. März hat Karl May im Sophiensaal seinen Vortrag »Empor ins Reich der Edelmenschen« gehalten – unter den Zuhörern ist der dreiundzwanzigjährige Adolf Hitler. Josef Hoffmann gründet den »Werkbund«; Egon Schiele wird wegen Zurschaustellung erotischer Zeichnungen in einem für Kinder zugänglichen Raum zu drei Tagen Arrest verurteilt. Österreich feiert seine erste Fußballmeisterschaft – mit Rapid als Sieger.

Im Oktober trifft ein zwanzigjähriger Wandergesell aus Kroatien in Wien ein und sieht sich nach einer Arbeit in der Metallbranche um: Josip Broz. Der großgewachsene Kleinhäuslersohn aus dem Dorf Kumrovec hat sich zunächst als Ta-

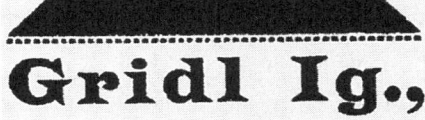

Anzeige der Wiener Firma Gridl im Bezirk Margareten, bei der Josip Broz Arbeit findet

gelöhner, dann als Kellner durchgebracht – nun schließt er seine Schlosserlehre ab und geht auf die »Walz«. In Zagreb tritt er der Sozialdemokratischen Partei bei und der Gewerkschaft; nach Kurzzeit-Jobs bei Skoda in Pilsen, bei Benz in Mannheim sowie im Ruhrgebiet peilt er die Metropole an: Wien.

Bei der Brückenbauanstalt Gridl, die am Bacherplatz im Bezirk Margareten ihren Firmensitz und an der Triesterstraße in Vösendorf (etwa auf der Höhe der heutigen Kalesa-Siedlung) ihre Betriebsstätte hat, ist eine Stelle frei. Das 1854 gegründete (und 1934 an Waagner-Biró übergehende) Unternehmen des Ing. Ignaz Gridl ist spezialisiert auf »Eisenbahn-, Straßen- und Fußgängerbrücken bis zu den größten Spannweiten, Dreh-, Hub- und Klappbrücken, Brückenverstärkungen und Brückenauswechslungen«. Es ist seit Monaten die erste Stelle, an der Josip Broz wieder auch ein wenig zu sich selbst findet: Er absolviert einen Deutschkurs, lauscht Vorträgen im Arbeiterheim, sucht im Orpheum, dem populären Varietétheater in der Wasagasse, Zerstreuung. Und schreibt nach langer Pause einen Brief an die Seinen daheim.

»Was – Du bist in Wien?« antwortet die Mutter. »Dann mußt Du Dich mit dem Martin treffen!« Josips ältester Bruder, den er seit zehn Jahren nicht mehr gesehen hat, arbeitet in Wiener Neustadt bei der Bahn und wohnt mit Frau und Kind im fünf Kilometer entfernten Neudörfl an der Leitha. Am Bahnhof von Wiener Neustadt fragt sich Josip nach ihm durch: Gleich der Dritte, den er anspricht, ist der Gesuchte.

Die Geschwister ziehen zusammen, im Hintertrakt des Csögl-Hauses (heutige Adresse: Hauptstraße 8), wo schon an die fünfzehn Bettgeher Unterschlupf gefunden haben, kommt es auf einen mehr oder weniger nicht an. Josip tritt in die Wiener Neustädter Automobilfabrik Daimler als Probelenker ein, darf auf der zehn Kilometer langen Teststrecke unter Aufsicht eines Ingenieurs die fertigen Wagen »einfahren«. Noch als Mann von sechzig, inzwischen längst Staatspräsident der Volksrepublik Jugoslawien und unter dem Namen Tito zur politischen Weltprominenz zählend, wird er sich bis ins Detail an die Zeit in und um Wien erinnern und auch an jene noch großkalibrigen Autos mit den schweren Messingbeschlägen, den außen montierten Bremsen und den altertümlichen Hupen, bei denen man, um sie zum Tönen zu bringen, einen handtellergroßen Gummiball quetschen muß.

Um von seinem Quartier an den Arbeitsplatz zu gelangen, benützt Josip den Zug; in der Freizeit nimmt er Fechtunterricht, und bei einem alten Tanzmeister in Wiener Neustadt lernt er Walzer und Quadrille. Fährt er sonntagnachmittags mit gleichgesinnten Kollegen nach Wien, heißt es sich mit billigen Prateramüsements begnügen: Das noble Schwedencafé am Donaukanal kennt er nur von außen, und um der Musik der Gartenlokale zu lauschen, versteckt er sich hinterm Efeuspalier, bis ihn der Oberkellner erspäht und verjagt.

Nur ins Arsenal findet er Einlaß – gezwungenermaßen: Anfang 1913 hat sich Josip Broz der Musterungskommission der österreichisch-ungarischen Armee zu stellen und wird einem der Wiener Regimenter zugeteilt. Der Korporal, der ihn mit der höhnischen Anrede »Herr Sozialist« empfängt, läßt ihm als erstes seine üppige Haarpracht stutzen: Der knapp Einundzwanzigjährige ersucht um Versetzung in die Heimat, wechselt zur Landwehr nach Zagreb über, das Kapitel Wien ist fürs erste abgeschlossen.

Um so häufiger (und nunmehr illegal) wird er später zu Stippvisiten in die Hauptstadt zurückkehren, die mittlerweile – nach dem Zusammenbruch der Donaumonarchie – aufgehört hat, seine Hauptstadt zu sein. Dafür wird sie ihn 1967 mit desto mehr Pomp willkommen heißen: Tito weilt auf Staatsbesuch in Österreich. Das vom Protokoll erstellte Programm ist

freilich so dicht, daß fürs Wiederauffrischen von Jugenderin-
nerungen kaum Zeit bleibt. Dabei wären durchaus etliche der
Örtlichkeiten noch vorhanden! So zum Beispiel das seiner-
zeitige Behelfsquartier in Neudörfl, dessen nunmehriger Eigentümer freilich von der Anbringung einer »kommunisti-
schen« Gedenktafel an seinem Haus, 25 Kilometer vom Ei-
sernen Vorhang entfernt, nichts wissen will. Und von der
»Brückenbauanstalt« Gridl hat sich sogar bis heute das seit
Jahrzehnten stillgelegte Pförtnerhäuschen erhalten: Vösendorf, Konsumstraße 2.

*Neudörfl, Hauptstraße 8: Josip Broz, genannt Tito, im
Gastarbeiterquartier vor dem Ersten Weltkrieg*

Der Sterbe-Diwan von Sarajewo

Ein Möbel mit *weltgeschichtlichem* »touch« – das ist er seit dem 28. Juni 1914. Zum *Wiener* Möbel wird der Diwan aus dem Dienstzimmer des Feldzeugmeisters Oskar Potiorek erst am 12. März 1996. Bei der Auktion im Ludwigstorffer-Saal des Dorotheums geht's betriebsamer zu als sonst, unter den Habsburgensia-Sammlern und k. u. k. Habitués wird sogar ein echter Erzherzog gesichtet: Der siebenundsiebzigjährige Kaisersohn Felix ist aus dem Brüsseler »Exil« angereist.

Es wird ein guter Tag für die Pfandleihanstalt in der Dorotheergasse: Rufpreis wie Schätzwert werden beträchtlich überboten, aus 80 000 bzw. 200 000 Schilling werden schlußendlich stolze 550 000! Das Klagenfurter Ehepaar, das seit dreißig Jahren für ein geplantes Privatmuseum Monarchie-Gedenkstücke anhäuft, kann mit der potenteren Konkurrenz nicht mithalten: Der Emissär des Heeresgeschichtlichen Museums, abgesichert durch Sponsorengelder des Konzernherrn Herbert Turnauer und des Orthopäden Karl Zweymüller, erhält den Zuschlag. Und da das Objekt, um das es geht, in den seither verstrichenen zweiundachtzig Jahren pietätsbedingt jedwede Schonung erfahren hat, haben die Restaurierwerkstätten im Arsenal nur wenig Mühe mit der Neuerwerbung: Schon fünfzehn Wochen nach seiner Überstellung kann der Sterbe-Diwan von Sarajewo der interessierten Öffentlichkeit zugänglich gemacht werden: im Sarajewo-Raum des Heeresgeschichtlichen Museums (Wien III., Arsenal, täglich außer freitags 10 bis 16 Uhr).

Zusammen mit dem noch von Kaiser Franz Joseph in öffentlichen Gewahrsam übergebenen einschußdurchlöcherten Auto und dem blutdurchtränkten Uniformrock Erzherzog Franz Ferdinands bildet die unscheinbare Liegestatt mit dem grüngoldenen Plüschbezug eine Trias, der zu weiterer Komplettierung bloß noch die Tatwaffe fehlt. Aber die Selbstladepistole, mit der der zwanzigjährige serbische Nationalist Gavrilo Princip an jenem Sommertag 1914, assistiert von seinen Komplizen der Untergrundorganisation »Schwarze Hand«, aus drei Meter Entfernung die tödlichen Schüsse auf den österreichischen Thronfolger und dessen Gemahlin, Herzogin Sophie von Hohenberg, abgefeuert hat, gilt als verschollen. Wer weiß, wer sie, von ihrer Besonderheit nichts ahnend, an sich gerissen und in den alsbald einsetzenden Kriegshandlungen weiterbenützt haben mag ...

Sarajewo, 28. Juni 1914. Kaiser Franz Josephs Neffe Franz Ferdinand, der allseits ungeliebte Anwärter auf den schon wackeligen Thron Österreich-Ungarns, vor einem halben Jahr fünfzig geworden, wickelt Zug um Zug die ihm übertragene Balkanmission ab. Gerade hat er die in der bosnischen Hauptstadt zusammengezogenen Truppen inspiziert, jetzt befindet er sich auf der Fahrt zum Konak, dem Sitz der Provinzialregierung. Da fallen am Appelkai nächst der Lateinerbrücke die verhängnisvollen Schüsse ...

Einer der wichtigsten Männer in Franz Ferdinands Gefolge ist Feldzeugmeister Oskar Potiorek, dem die k. u. k. Truppen auf dem Balkan unterstehen. Er ist der erste, der sich der Attentatsopfer annimmt, sie eilends in seine Kanzlei bringen läßt. Bis die ärztliche Hilfe zur Stelle ist, wird der Schwerverwundete auf den im Raum bereitstehenden Diwan gebettet. In Potioreks Tagebuch wird man später über jene dramatischen Minuten lesen können:

»Der Erzherzog sank im Auto zusammen. Er wurde sogleich, augenscheinlich schon bewußtlos, in mein Arbeitszimmer ge-

tragen. Auf der Chaiselongue blutete er stark. Er hat zwei-
fellos noch gelebt, aber keinen Laut mehr von sich gegeben.«
Die inzwischen eingetroffenen Ärzte zeigen sich außerstan-
de, den Ohnmächtigen zu retten: Das Attentatsopfer, an der
Halsschlagader getroffen, verblutet. Desgleichen Gemahlin
Sophie, die ihrerseits von Schüssen in den Unterleib nieder-
gestreckt worden ist.

Feldzeugmeister Potiorek bleibt in dieser Situation nur noch
eines zu tun: der gebotenen Pietät Genüge zu leisten. Kann
er schon nichts zum Überleben des Thronfolgers beitragen,
so soll zumindest dem Sterbelager strenge Obhut gewiß sein:
Der Diwan in seinem Dienstzimmer bleibt fortan unbenützt.
Wenigstens äußerlich soll die Schande, die Sarajewo mit dem
heimtückischen Doppelmord auf sich geladen hat, so gut es
geht getilgt werden. Doch die Blutspuren sowohl an dem Mö-
belstück wie an der angrenzenden Wandtapete widerstehen

Für 550000 Schilling nach Wien: der Sterbe-Diwan von Sarajewo

jeglichen Reinigungsversuchen. Potiorek bringt am Fußende des Diwans eine Gedenkplakette an: »Sterbelager Seiner kaiserlichen und königlichen Hoheit Erzherzog Franz Ferdinand« läßt er in das Messingschild eingravieren.

Im einen Monat nach den Todesschüssen von Sarajewo einsetzenden Krieg wird Oskar Potiorek übrigens noch eine besondere Rolle zukommen: Österreich-Ungarns Truppen auf dem Balkan befehligend, gelingt ihm die Eroberung Belgrads. Doch letztendlich scheitert der Rachefeldzug gegen die Serben, und dessen Anführer wird abgelöst und setzt sich in der Folge nach Kärnten ab. Als er 1933 in Klagenfurt stirbt, geht seine komplette Hinterlassenschaft an eine Nichte, die ihrerseits die Sarajewo-Memorabilien veräußert. Und so wird der Sterbe-Diwan zum Versteigerungsgut und landet 1996 via Dorotheum in Wien.

55 Quadratmeter Weltpolitik

So ein kleiner Staat und so eine große Gesandtschaft! Seit 1981 ist Katar, das winzige Öl-Emirat im Persischen Golf, Hausherr im Palais Berchtold. Adresse: Wien IX., Strudlhofgasse 10. Faktotum Salem Ahmed, der mir freundlich Einlaß gewährt, ist Ägypter: So viele Katarer gibt es in Wien nicht, daß man bei der Rekrutierung des Botschaftspersonals mit Landsleuten sein Auslangen fände. Der fließend deutsch sprechende Ahmed hat in Österreich seinen Diplomingenieur gemacht – er weiß sofort, was mein Begehr ist: Wieder einer, der jene Stätte in Augenschein nehmen will, von der vor nunmehr 84 Jahren der Erste Weltkrieg seinen Ausgang genommen hat ...

Schon das Gebäude hat's in sich. 1874 von dem renommierten Theaterarchitekten Ferdinand Fellner errichtet, der mit seinem Kompagnon Hermann Helmer die Entwürfe für das Ronacher, das Konzerthaus, das Deutsche Volkstheater, die Grazer Oper, das Klagenfurter Stadttheater sowie vierzig weitere Musentempel im alten Österreich-Ungarn geliefert hat, wechselt das dreigeschossige Neorenaissance-Palais mit dem pompösen Vorbau, der ionischen Säulenhalle, den schmucken Balustraden und Pilastern noch vor seiner Fertigstellung den Besitzer: Joseph Ritter von Mallmann tritt den von einem ausgedehnten Park gesäumten Prunkbau an Herzog Philipp von Württemberg ab, dem seinerseits 1905 Graf Leopold Berchtold und Gattin Ferdinandine als Eigentümer folgen. Nach dem Zweiten Weltkrieg kauft sich die »linke Reichshälfte« in der Strudlhofgasse ein: der Sozialistische Verlag, die BAWAG, der ÖGB. Und 1970 tritt ein mit den USA abgeschlossener Vertrag in Kraft, der das Palais Berchtold zum Verhandlungsort der SALT-Abrüster macht. Wieder werden Adaptierungen fällig, kleinere Umbauten. Nur der parkseitige Sitzungssaal mit den kassettierten Edelholzwänden, den eingelassenen Spiegeln und Ölgemälden, den festlichen Kristalllustern und den schnörkelreichen Fensterbeschlägen bleibt von allen Veränderungen ausgenommen, und eine Messingtafel beim Eingang klärt den Besucher darüber auf, wieso an dieser Adresse die Denkmalschützer ein so gewichtiges Wörtchen mitzureden haben:

»In diesem Saal wurde am Sonntag, den 19. Juli 1914, in einer geheimen Ministerratssitzung unter dem Vorsitz von Außenminister Berchtold das Ultimatum an Serbien abgefaßt.« Und damit auch die heutigen Hausherren und ihre Gäste über die weltgeschichtliche Dimension des Ortes unterrichtet sind, hat man den Text der Gedenktafel ins Arabische übersetzt – und den Text der neun Tage darauf erscheinenden Extraausgabe der »Wiener Zeitung« mit dazu:

»... sieht sich die k. u. k. Regierung in die Notwendigkeit versetzt, selbst für die Wahrung ihrer Rechte und Interessen Sorge zu tragen und zu diesem Ende an die Gewalt der Waffen zu appellieren. Österreich-Ungarn betrachtet sich daher von diesem Augenblicke an als im Kriegszustande mit Serbien befindlich.« Unterzeichnet vom »österreichisch-ungarischen Minister des Äußern, Graf Berchtold«.

Vormals an den österreichischen Vertretungen in Paris, London und St. Petersburg tätig, tritt der knapp Neunundvierzigjährige im Jänner 1912 den Posten des k. u. k. Außenministers an. Unter dem Eindruck des Attentats von Sarajewo schwenkt auch er, zunächst durchaus für den Status quo auf dem Balkan plädierend und für die Sicherung des Friedens, auf den Konfrontationskurs von Ministerpräsident Stürgkh ein; unter der Federführung des »Chef-Stilisierers« Baron Musulin ringen

*Geheimkonferenz im Palais Berchtold (ganz links Ministerpräsident
Graf Stürgkh, zu seiner Linken Außenminister Graf Berchtold, hinten rechts
Generalstabschef Conrad von Hötzendorf)*

er, das Kabinett und die Spitzen von Armee und Marine um die Endfassung des Ultimatums, und am 19. Juli setzt Graf Berchtold seinen Namen unter das unheilvolle Dokument. Kaiser Franz Joseph, den er am 21. in seinem Sommerquartier – es ist dessen dreiundachtzigster Aufenthalt in Ischl – aufsucht, erteilt seine Zustimmung; am 23. wird die Note in Belgrad überreicht; 48 Stunden haben die Serben für ihre Antwort Zeit.

Extra-Ausgabe
der
Wiener Zeitung.

Nr. 174.　　　　　Dienstag, den 28. Juli　　　　　1914.

Amtlicher Teil.

Kriegserklärung.

Auf Grund Allerhöchster Entschließung Seiner k. u. k. Apostolischen Majestät vom 28. Juli 1914 wurde heute an die königl. serbische Regierung eine in französischer Sprache abgefaßte Kriegserklärung gerichtet, welche im Urtext und in deutscher Übersetzung folgendermaßen lautet:

„Le Gouvernement Royal de Serbie n'ayant pas répondu d'une manière satisfaisante à la Note qui lui avait été remise par le Ministre d'Autriche-Hongrie à Belgrade à la date du 23 juillet 1914, le Gouvernement I. et R. se trouve dans la nécessité de pourvoir lui-même à la sauvegarde de ses droits et intérêts et de recourir à cet effet à la force des armes. L'Autriche-Hongrie se considère donc de ce moment en état de guerre avec la Serbie.

Le Ministre des Affaires Etrangères d'Autriche-Hongrie Comte Berchtold."

„Da die königl. serbische Regierung die Note, welche ihr vom österreichisch-ungarischen Gesandten in Belgrad am 23. Juli 1914 übergeben worden war, nicht in befriedigender Weise beantwortet hat, so sieht sich die k. u. k. Regierung in die Notwendigkeit versetzt, selbst für die Wahrung ihrer Rechte und Interessen Sorge zu tragen und zu diesem Ende an die Gewalt der Waffen zu appellieren. Oesterreich-Ungarn betrachtet sich daher von diesem Augenblicke an als im Kriegszustande mit Serbien befindlich.

Der österreichisch-ungarische Minister des Äußern Graf Berchtold."

Urtext der Kriegserklärung 1914

In einigen Punkten beugen sie sich dem Druck aus Wien, in anderen – vor allem der Forderung nach Einbeziehung der österreichischen Behörden in die Untersuchung des Thronfolgermordes – bleiben sie hart. Die Folge: Die diplomatischen Beziehungen zwischen Wien und Belgrad werden abgebrochen, am 28. Juli ist Krieg. Als das Manifest »An meine Völker« in Druck geht, befällt den alten Herrn in Ischl eine leichte Ohnmacht; am Tag darauf trifft Seine Majestät, den neuen Thronfolger Erzherzog Karl zur Seite, in Schönbrunn ein: »Mit ruhigem Gewissen betrete ich den Weg, den die Pflicht mir weist.«

Graf Berchtold, wie immer die künftige Geschichtsschreibung seine Rolle in jenen schicksalsschweren Juli-Tagen des Jahres 1914 bewerten wird, wird den Makel des Kriegstreibers nie wieder loswerden – auch als er längst (wegen Meinungsverschiedenheiten bezüglich der Politik gegenüber Italien) den Posten des Außenministers zurückgelegt, seinen Dienst als Obersthofmeister und Berater Kaiser Karls angetreten und sich (1918) ins Privatleben zurückgezogen hat. Daß ihn Heimito von Doderer in seinem 1951 erscheinenden Roman »Die Strudlhofstiege«, dem Genius loci des Palais Berchtold nachspürend, zum Hauptschuldigen des Kriegsausbruchs stempelt, der »von den Dingen, die ihm anvertraut waren, nichts verstanden« hat, erlebt er nicht mehr: Neunundsiebzigjährig stirbt Graf Leopold Berchtold am 21. November 1942 auf Schloß Peresznye bei Ödenburg. Ob aus Respekt vor seiner Haltung oder zur Mahnung der Nachgeborenen: Das Ambiente des »Ultimatum-Saales« bleibt auch in Zukunft unangetastet, und noch die Reinigungsbrigade der heutigen Hausherren folgt gehorsam der Anweisung, beim Abstauben der Gemälde, Spiegelwände und Kristalluster besondere Sorgfalt walten zu lassen.

Tischlein streck dich

Wer in Staatsvertragsnostalgien schwelgen will, hat reiche Auswahl. Bei Älteren, die an jenem 15. Mai 1955 rund ums Belvedere »dabeigewesen« sind, wird schon ein Blick auf den Balkon des Schlosses die erwünschte Wirkung tun. Besucher von auswärts und Schulklassen, die sich zur 10.30-Uhr-Führung durch die Österreichische Galerie einfinden, erhalten bei Betreten des Marmorsaales kurzgefaßten Nachhilfeunterricht in Zeitgeschichte. Wer es schafft, in die Vorzimmerflucht des Bundeskanzleramtes am Ballhausplatz vorzudringen, wo Robert Fuchs' Kolossalgemälde von der Vertragsunterzeichnung hängt, darf sich obendrein dem pikanten Vergnügen hingeben, über jene Interventionen zu spekulieren, die zur Folge gehabt haben, daß unter den in stattlicher Zahl abgebildeten Nobelstatisten auch so mancher ist, der dem erhabenen Staatsakt gar nicht wirklich beigewohnt hat. Und Leopold Figls berühmtes »Österreich ist frei!« gibt's auf Tonträger – man kann sich's bequem im stillen Kämmerlein abspielen. Nur das mit dem Ereignis am engsten verknüpfte, ja geradezu zum Symbol der Wiedererlangung der österreichischen Souveränität gewordene Objekt scheint wie vom Erdboden verschluckt: der »Staatsvertragstisch«, an dem die Herren Molotow, MacMillan, Dulles, Pinay und Figl an jenem Frühlingstag 1955 ihren Namenszug unter das dreihundert Seiten starke, in grünes Saffianleder gebundene Dokument gesetzt haben. Was mag aus ihm geworden sein?

Um dem ärarischen Möbel auf die Spur zu kommen, muß man zunächst einmal klarstellen: Es ist nicht *eines*, sondern *vier*. Tischlein streck dich – staatstragend. Genauer: vier Tische – zu *einem* zusammengerückt. Und wie – angesichts ihres historischen Ranges – nicht anders zu erwarten: Sie sind allesamt in Ehren erhalten, ja sogar weiterhin in Gebrauch. Ministerialrat Dr. Peter Parenzan, oberster Hüter des ehemaligen Hofmobiliendepots in der Andreasgasse 7, gibt präzis Auskunft: Einer der vier Tische wird gleich nach Österreichs »Wiedergeburt«, besonders gekennzeichnet und bei allen nunmehrigen Führungen gebührend gewürdigt, der ständigen Schausammlung des Museums einverleibt; ein weiterer gereicht der Porträtgalerie der Bundespräsidentschaftskanzlei im zweiten Stock des Leopoldinischen Traktes der Hofburg zur Zierde; die beiden übrigen stehen – zusammen mit der sechs Stück starken Reserve – für einschlägige heutige Anlässe zur Verfügung: Vertragsunterzeichnungen, Staatsbesuche, hohe Ordensverleihungen. Das Protokoll braucht sie nur anzufordern – schon sind sie am gewünschten Platz. Sie sind Teil jener auf mariatheresianische Vorbilder zurückgehenden Sammlung kaiserlicher Garniturmöbel im sogenannten Blondelschen Stil, die seit etwa 1840, als Erzherzogin Sophie das Hofburg-Interieur von Biedermeier auf Neo-Rokoko umstellt, dem österreichischen Repräsentationsritual

»Österreich ist frei!« Der Staatsvertragstisch vom 15. Mai 1955

die Kulisse abgeben: Schnitzwerk in Weiß-Gold, die Tisch-
platte aus braunem Nußfurnier. Immer wieder werden sie
seither nachgebaut, zuletzt in den Sechzigerjahren. Und –
dazu passend – die Sessel mit dem roten Ananas-Damast; Ex-
Hoflieferant Backhausen hütet die alten Patronen, um bei
Bedarf die Bezüge originalgetreu nachweben zu können. Und
die Restaurierwerkstätten des Mobiliendepots sind gerüstet,
jegliche durch Abnützung und Transport verursachten Schäden zu beheben. Denn die guten Stücke haben ihren Wert:
Versicherungssumme wie Anschaffungspreis bewegen sich
zwischen 200 000 und 300 000 S pro Tisch.

Besonders auf Hochglanz gebracht werden sie im Frühjahr
1955, als sich – nach jahrelangen mühsamen Verhandlungen
– der Abschluß des Staatsvertrages abzeichnet. Am 15. Mai
punkt 11.30 Uhr soll die Zeremonie, mit der Österreich seine Souveränität zurückerhält, in Schloß Belvedere über die
Bühne gehen. Streng formell betrachtet, ist es die 354. Sitzung der Alliierten: Mit den Unterschriften ihrer Außenminister verpflichten sich die vier Besatzungsmächte, ihre
Truppen abzuziehen, sämtliches beschlagnahmte Eigentum
zurückzuerstatten und Österreich zu erlauben, zu seiner Ver-
teidigung eine Armee aufzustellen.

Der große Tag ist gekommen; auch in Schönbrunn, wo die
Republik die wiedergewonnene Unabhängigkeit mit einem
abendlichen Prunkfest zu feiern gedenkt, haben Handwerker
und Reinigungspersonal ganze Arbeit geleistet. Hauptschau-
platz aber ist und bleibt das Obere Belvedere, der von Johann
Lukas von Hildebrandt zwischen 1721 und 1723 errichtete
Sommerpalast des Prinzen Eugen. Um 11 Uhr beginnt die
Wagenauffahrt. Die österreichische Abordnung ist bereits an
Ort und Stelle, in exakt festgelegten Abständen treffen die
Delegationen der Alliierten ein: zuerst die Sowjets, sieben
Minuten später die Briten, weitere sieben Minuten später die

Amerikaner, zuletzt die Franzosen. »Gastgeber« Leopold Figl lädt Molotow, MacMillan, Dulles und Pinay sowie deren Botschafter ein, am »Staatsvertragstisch« Platz zu nehmen und zur Ratifizierung zu schreiten – mit Signatur und Siegel. Kurze Ansprachen beschließen den Staatsakt, man erhebt sich von den Sitzen, die Flügeltüren des Balkons gehen auf, die Protagonisten präsentieren sich der im Schloßpark zusammengeströmten Menschenmenge, Figl zeigt mit hocherhobenen Armen dem jubelnden Volk das Vertragswerk, überall im Lande läuten die Kirchenglocken: »Österreich ist frei!«

Radetzkys Prunkbett für den »Leih-Kaiser«

E s ist zwar nicht der *eigene*, sondern nur einer von *weit-her*, aber jedenfalls ist es ein *Kaiser*. Aufmüpfige Fragen nach seiner Amtsauffassung überläßt man anderen: Was schert es uns, daß Haile Selassie I. seinerzeit per Putsch an die Macht gelangt ist und despotisch über sein Volk herrscht? Für die Österreicher, die noch immer nicht ihren Staatsvertrag in der Tasche haben, zählt in diesen Novembertagen 1954 nur, daß ein weltweit hofierter Potentat zu ihnen auf Besuch kommt und ihrer über lange Jahre ungestillt gebliebenen Sehnsucht nach Zeremoniell und Gepränge Nahrung gibt.

»Löwe von Juda« und »Negus Negesti« – schon all die wohlklingenden Ruhmestitel, mit denen sich der zweiundsechzigjährige Monarch aus Schwarzafrika schmückt, machen seinen Drei-Tage-Aufenthalt in Wien zum Ereignis des Jahres. Seine politische Rolle als einer der Wortführer der Blockfreien kommt dem hiesigen Neutralitätsverständnis entgegen, und daß die äthiopische Staatskirche christlich geprägt ist, mehrt noch die Sympathien, mit denen ihr weltliches Oberhaupt in einem Land wie Österreich rechnen darf.

Es ist gerade sechs Wochen her, daß die SPÖ mit dem Slogan »Damit Wien wieder Weltstadt werde« die Gemeinderatswahlen gewonnen und ihre Mandatsmehrheit unter Franz Jonas ausgebaut hat. Theodor Körner ist Bundespräsident, Julius Raab Kanzler, Leopold Figl Außenminister.

Die Wien-Visite des Allmächtigen aus Addis Abeba hat zwar nur halboffiziellen Charakter, wird aber ganz wie ein Staatsbesuch aufgezogen. Protokollchef und Kabinettsdirektor reisen dem hohen Gast und dessen sechzehnköpfigem Gefolge an die schweizerisch-österreichische Grenze bei Buchs entgegen; das Empfangskomitee auf dem Perron des Wiener Westbahnhofs trägt Cut und Zylinder; für die an den Vortagen unter der Aufsicht von Polizeipräsident Holaubek minutiös geprobte Fahrt in die Stadt wird die Weihnachtsbeleuchtung der Mariahilferstraße eingeschaltet; Zehntausende Wiener stehen Spalier. Enttäuscht sind nur die Kinder, die – entgegen ursprünglichen Hoffnungen – nicht schulfrei bekommen haben.

Ausnahmezustand herrscht im Hotel Ambassador, wo der illustre Besuch vom 29. November bis zum 1. Dezember logiert. Die komplette erste Etage der Nobelherberge, in der sich schon Roosevelt, Nehru, Sukarno, das griechische Königspaar, Konrad Adenauer, Henry Ford II., Maria Jeritza und Benjamino Gigli wohlgefühlt haben, wird frisch tapeziert, aus den staatlichen Sammlungen werden kostbare Möbel und

Die Stubenmädchen des Hotels Ambassador legen letzte Hand an die Wiener Ruhestatt des »Negus«: Feldmarschall Radetzkys Prunkbett aus der Hofburg

Teppiche herangeschafft, dazu ein riesiger Gobelin mit dem beziehungsvollen Motiv »Königin von Saba«. Haile Selassie I. erhält die Suite 107–110, letzteres ist sein Schlafgemach. Das weißgoldene Prunkbett aus den ehemaligen Hofburg-Appartements, in dem schon Feldmarschall Radetzky geruht hat, ist für einen Gast wie den Kaiser von Äthiopien gerade gut genug. Das Palmenhaus liefert die Blattpflanzen für Halle und Stiegenhaus, die Bundestheaterwerkstätten den rotweißroten Baldachin fürs Portal; das Küchenpersonal des Ambassador wird um den früheren Leibkoch von König Faruk verstärkt, das fremdsprachenerprobte Frl. Minka führt die Stubenmädchenriege an. Erika und Edith Senft, die Jungchefinnen des Hauses, haben in der Tanzschule Elmayer eigens den Hofknicks einstudiert.

Auf jeder seiner Ausfahrten – ob zur Schatzkammer oder zur

Das Ereignis des Jahres: Kaiser Haile Selassie in Wien (links hinter ihm Außenminister Figl)

Nationalbibliothek, ob nach Schönbrunn oder auf den Kahlenberg, ob zur Äthiopien-Sammlung des Völkerkundemuseums oder zum Behinderten-Kindergarten im Auer-Welsbach-Park – jubeln die Wiener dem drahtigen, kleinwüchsigen Mann mit dem schwarzen Backenbart zu, und wenn er sich in sein Quartier zurückzieht, rufen ihn die auf dem Neuen Markt zu Hunderten Wartenden mit Sprechchören auf den Balkon. Bei seinem Einzug in den Stephansdom läutet die Pummerin, und für das abendliche »Théâtre paré« im Redoutensaal sind den handverlesenen Staats-Adabeis Frack und langes Abendkleid vorgeschrieben.

Seitenlang berichten die Zeitungen über Vorbereitung, Ablauf und Kehraus des Drei-Tage-Spektakels; das transportable, mit allen Lehrbehelfen ausgestattete Schulhaus, das dem Gast als offizielles Staatsgeschenk zugedacht ist, wird ebenso im Bild festgehalten wie die Kollektion von Ausseerhüten, mit denen sich sein Anhang eingedeckt hat. Fieberhaft wird nach einem Kunsttischler gesucht, der Haile Selassie ein Duplikat jenes barocken Betstuhls anfertigen könnte, den man ihm, aus einer der nahen Kirchen ausgeborgt, auf seinen ausdrücklichen Wunsch ins Schlafzimmer gestellt hat.

Letzte Verfügung vor der Abreise: Sämtlicher für den Besuch aufgebotene Blumenschmuck ist auf die Wiener Spitäler aufzuteilen; auch auf alle, die ihm nicht vom Straßenrand aus zuwinken konnten, möge ein kleiner Schimmer jenes Glanzes fallen, den Wien 72 Stunden lang für seinen »Leih-Kaiser« entfaltet hat.

Bildnachweis

Museum für angewandte Kunst, Wien/Ritter: S. 195; Stadtgemeinde Berndorf, S. 101; Bauarchiv Breitenstein: S. 133; Bezirksmuseum Landstraße, Wien: S. 70, 71; Brahms-Museum, Mürzzuschlag: S. 25; Dom- und Diözesanmuseum, Wien: S. 93; Dorotheum, Wien: S. 113; Filmdokumentationszentrum Wien: S. 146; Freud Museum Publications Ltd., London/Nick Bagguley: S. 165; Heeresbild- und Filmstelle, Wien: S. 207; Historisches Museum der Stadt Wien: S. 17, 54, 62, 97, 98, 121, 153; Richard Hoffmann, Mödling: S. 36; Harald Hofmeister, Wien/ Die Presse: S. 107, 137; Institut für Geschichte der Medizin der Universität Wien: S. 160, 163; Österreichische Franz Kafka-Gesellschaft, Klosterneuburg: S. 57, 59; Katholisches Pfarramt Nußdorf: S. 117; Stiftung Bruno Kreisky Archiv, Wien: S. 128, 129; Archiv Lobmeyr, Wien: S. 185/186; Bundesministerium für wirtschaftliche Angelegenheiten, Wien: S. 199; Bildarchiv der Österreichischen Nationalbibliothek, Wien: S. 21, 29, 191, 211; Archiv Niedersüß, Wien: S. 177; ORF, Wien: S. 84, 215; Walter Paminger, Perchtoldsdorf: S. 33; Privat: S. 38, 41, 45, 47, 61, 75, 85, 90, 105, 116, 144, 157, 158, 169, 173, 181, 201, 212, 220; F. W. Scheidl, Wien: S. 81; Gustav Schikola, Wien: S. 219; Peter Schlager, Elixhausen: S. 149; Michaela Seidler, Wien/Die Presse: S. 49; Shih, Wien: S. 141, 204; Wiener Stadt- und Landesbibliothek: S. 125; Theodor-Storm-Gesellschaft, Husum: S. 11; Ingeborg Wesolofsky, Baden bei Wien: S. 67, 109; Dr. Gregor Wittkop, Tübingen: S. 9; Ölgemälde Helga Wittkowsky, Ohlsdorf: S. 88

Der Verlag konnte in einzelnen Fällen die Inhaber der Rechte an den reproduzierten Photos nicht ausfindig machen. Er bittet, ihm bestehende Ansprüche mitzuteilen.

256 Seiten, ISBN 3-85002-432-6

Gunther Martin

Boeing, Chanel & Co.

Was, den hat's wirklich gegeben?

Stellen Sie sich vor: Ein Herr, aufgewachsen mit Chippen-dale-Möbeln und Brockhaus, wird zu einer Sitzung über Boykott-Maßnahmen geladen. – Schon haben wir drei sehr gängige Ausdrücke. Sie leiten sich jeweils von einem Men-schen ab, der durch sein Wirken seinen Namen zum sprach-lichen Allgemeingut machte. Gunther Martin spürt diesen herausragenden Menschen nach.

Amalthea